W0085051

DUMONT
*DIREKT*

# Französische
# Atlantikküste

Klaus Simon

# Inhalt

**Das Beste zu Beginn**
S. 4

**Das ist die Französische
Atlantikküste**
S. 6

**Die Französische Atlantikküste
in Zahlen**
S. 8

**So schmeckt Frankreichs
Atlantikküste**
S. 10

 **Ihr Atlantikküste-Kompass**
15 Wege zum direkten
Eintauchen in die Region
S. 12

 **La Rochelle und
Charente-Maritime**
S. 15

**La Rochelle** S. 16

 Mörderische Provinz – **mit
Simenon in La Rochelle**
S. 18

**Île de Ré** S. 23

 Surreale Sumpflandschaft –
**ein Ausflug in den Marais
Poitevin**
S. 24

**Fouras** S. 27

 Ein Stern von einer
Festung – **St-Martin-de-Ré**
S. 28

**Rochefort** S. 31

**Île d'Oléron** S. 32

 Harte Schale, weicher Kern –
**die Austern von Marennes**
S. 34

**Royan** S. 36

 Zu Besuch bei den Engeln –
**Saintes und die Saintonge**
S. 38

**Saintes** S. 40

 **Bordeaux und
das Bordelais**
S. 43

**Bordeaux** S. 44

 Aus dem Dornröschenschlaf
erwacht – **Bordeaux' neue
Uferfront**
S. 48

**St-Émilion** S. 55

 Bahntrassen-Romantik –
**mit dem Rad durchs
Entre-Deux-Mers**
S. 56

 Weinprobe beim Winzer-
hochadel – **auf der Route
des Châteaux**
S. 58

**Lacanau** S. 63

### Arcachon und die Landes
S. 65

**Arcachon** S. 66

**9** Ewiger Sommer in der ›Winterstadt‹ – **Arcachons Ville d'Hiver**
S. 68

**10** Sahara am Atlantik – **die Düne von Pilat**
S. 72

**Biscarrosse** S. 74

**Mimizan** S. 76

**11** Hühnerhaus, Herrenhaus – **das Freilichtmuseum Marquèze**
S. 78

**Vieux-Boucau-les-Bains** S. 81

**12** Vom Amazonas an den Nil – **der Courant d'Huchet**
S. 82

**13** Das Glück liegt in der Wiese – **die weinselige Gascogne**
S. 86

**Hossegor** S. 88

### Die baskische Küste
S. 91

**Bayonne** S. 92

**Biarritz** S. 96

**St-Jean-de-Luz** S. 101

**14** Baskisches Allerlei – **Powershopping in St-Jean-de-Luz**
S. 102

**15** Landpomeranzen – **Dörfer im baskischen Hinterland**
S. 106

**Hin & weg**
S. 108

**O-Ton Französische Atlantikküste**
S. 114

Register
S. 115

Abbildungsnachweis/Impressum
S. 119

**Kennen Sie die?**
S. 120

# Das Beste zu Beginn

### Beachen & Belle Époque
›Berauschend‹ zeigt sich die Bäderarchitektur der Belle Époque. Die schönsten Villen stehen am Bassin von Arcachon, wo orientalische Türme, Schweizer Chalets, englische Cottages und baskisches Fachwerk miteinander konkurrieren (▶ S. 74).

---

### Rettungsschwimmer auf den Thron!
Ein bisschen erinnert das hochbeinige Gestell an einen überdimensionalen Kindersitz. Oder an einen Thron. Oben sitzen zwei braungebrannte Rettungsschwimmer. Lässige Haltung und coole Sonnenbrille täuschen: Kein Badegast entgeht ihren Blicken. In den Sand gerammte Fähnchen stecken das Hoheitsgebiet ab.

---

### ›Viticulteur‹ oder ›vigneron‹?
Es ist wie im wahren Leben: Im Weinberg sind nicht alle gleich. Ein *viticulteur* baut Wein an und liefert die gelesenen Trauben an eine Genossenschaft. Ein *vigneron* baut Wein an, baut den Wein im eigenen Keller aus und vermarktet seine Tropfen!

---

### Loblied auf Leuchttürme
Am schönsten liegt der Phare des Baleines (▶ S. 29) an der Westspitze der Île de Ré (ging 1854 in Betrieb). Heute genießt man aus knapp 60 m Höhe einen spektakulären Blick über die Insel. Vom Phare de la Coubre an der Côte de Beauté (▶ S. 40) überblickt man aus schwindelerregenden 300 m Höhe die Gironde-Mündung. Noch ein Highlight? Mitten im Atlantik ragt der Phare de Cordouan (▶ S. 40) aus den Fluten. Ab aufs Boot!

### Baskisch für Einsteiger
Das Baskische lässt sich keiner Sprachfamilie zuordnen. Es gibt 22 Deklinationen, aber bei Namen und Substantiven kein Geschlecht. Da die meisten Orts- und Verkehrsschilder im Baskenland zweisprachig sind, hier ein Crahkurs: *alde zaharra* bedeutet Altstadt, *hiri gunea* Stadtzentrum, *hondartza* Strand. *Azkerrik* – danke!

**So far away**

Schwarzbunte Kühe ruhen im satten Wiesengrün. In Dörfern wie Ascain (▶ S. 106) oder Sare (▶ S. 106) ist das rot-weiße Fachwerk herausgeputzt. Aus jedem Balken spricht der bäuerliche Stolz des Baskenlands. Der Atlantik? Läuft nur wenige Kilometer entfernt an der Küste Amok. Und liegt plötzlich Welten entfernt.

---

**… die Jakobsmuschel am Hut**

Seit der Reise des Bischofs von Le Puy (951) sind die Pilger ins galizische Santiago de Compostela am Stock und der am Hut baumelnden Muschel zu erkennen. Ganz Europa folgte im Mittelalter dem Beispiel. Eine halbe Million Pilger soll im 12. Jh. jährlich unterwegs gewesen sein. 1988 wurden die Routen UNESCO-Weltkulturerbe. Und ebenso lange strömen erneut die Wanderer auf die Hauptroute, den Camino Francés. Der beginnt in St-Jean-Pied-de-Port, führt über die Pyrenäen ins spanische Roncesvalles – und ist meine Lieblingsetappe.

---

**Auster ist nicht gleich Auster …**

Die aus Marennes (▶ S. 34) sind wegen des Süßwasserzuflusses mild und schimmern grünlich – eine Alge sorgt für die Färbung. Die Austern aus dem Bassin von Arcachon (▶ S. 74) haben hingegen einen fleischigen Geschmack. Gesund sind beide!

**Spieglein, Spieglein am Ufer**

*Miroir d'eau,* Wasserspiegel, heißt die 3450 m² große Brunnenanlage an der neu gestylten Uferfront von Bordeaux. Die Zielvorgabe war: Die wieder herausgeputzte Stadt soll sich im nur wenige Zentimeter hohen Wasser spiegeln. Klappt perfekt.

---

Die Entscheidung, so oft wie nur möglich an die französische Atlantikküste zu fahren, hängt nicht zuletzt an den Vorlieben meines Labradors Paule. Der ist ebenso wellensüchtig und wanderfreudig wie sein schreibender Erziehungsberechtigter.

## Fragen? Erfahrungen? Ideen?

Ich freue mich auf Post.

*Mein Postfach bei DuMont:*
*simon@dumontreise.de*

# Das ist die Französische Atlantikküste

Knapp 700 km Küstenlinie bedeuten unterschiedlichste Lebensstile und Landschaftsbilder. Was den Marais Poitevin im Norden und die baskische Felsküste im Süden aber verbindet, sind das sonnige Klima, gewaltige Wellen, endlose Strände und der würzige Duft der Seekiefern. Ansonsten gilt: Vive la différence! Im Norden leuchten die Dörfer der Charente-Maritime in strahlendem Weiß. Inseln und Austernbänke sind der Küste vorgelagert. Weiter südlich trennt der Mündungstrichter der Gironde die Charente-Maritime von den weltberühmten Weinbergen des Médoc und der Metropole Bordeaux. Bienvenue in der Aquitaine. Nach Osten geht sie in die trägen Wonnen des *grand sudouest* über. Im Süden folgen die endlosen Strände und noch endloseren Wälder der Landes. Schließlich das Baskenland: mit der von Steilfelsen gerahmten Küste und den Pyrenäen, die eine natürliche Grenze zu Spanien bilden, ist der südliche Zipfel der französischen Atlantikküste allein in geografischer Hinsicht ein Fall für sich.

## Die Zukunft ist grün

1999 verschmutzte der Untergang des Tankers ›Erika‹ die Küste mit einer Ölpest. 2002 folgte mit dem Untergang der ›Prestige‹ vor der galizischen Küste eine zweite Ölpest. 2010 verursachte der Jahrhundertsturm Xynthia eine Flut, die zahlreiche Menschen das Leben kostete. Darauf folgte ein Masterplan für eine ökologisch sinnvolle Bebauung der Küste, den Schutz von Dünen, den Bau von Deichen, die Renaturisierung von Schwemmgebieten. Mit 350 Mio. Euro Budget handelt es sich um das bedeutendste Küstenschutzprogramm Frankreichs, das von 2015–2050 realisiert wird. Nachhaltiger Tourismus heißt zudem das Gebot der Stunde. Immer öfter prangt ein Ökolabel an Hotels, Höfen mit Direktvermarktung, Ausleihstationen für Räder, Infos dazu unter www.aquitainedurable-tourisme.fr.

## ›Gauche caviar‹ und ein französisches Sylt

Wurde Ex-Premierminister Lionel Jospin in seinem Sommerdomizil gesichtet? Charlotte Gainsbourg? Saß die Schauspielerin nicht bei Austern und Chablis in Les Portes-en-Ré? So lauten die Fragen, die auf der Île de Ré den Ton angeben. Kaschmirpullover liegen über der Schulter. Sonnenbrillen sind aus echtem Horn. Billige Plastikstühle? Gibt es nicht. Man sitzt auf Kaffeehausstühlen von Philippe Starck oder auf solchen aus garantiert ökologischer Korbfabrikation. Macht alles zusammen ein »französisches Sylt«, wie eine deutsche Wochenzeitung es der Insel beschieden hat.

## Fisch, ›Fruits de mer‹ und Austern

Es geht auch anders. Weiter südlich bezaubern Belle-Époque-Badeörtchen wie Fouras mit dem Urlaubscharme im Stil der »Ferien des Monsieur Hulot«. Wenn die Kutter in den Hafen einlaufen, winden sich Thunfisch, Sardinen und Kabeljau im Netz – der Fischreichtum der Charente-Maritime ist legendär. So wie der Ruf der Austernzüchter: Bei Marennes fällt der Blick auf ein Mosaik sich spiegelnder Wasserflächen, in denen die Schalentiere wachsen.

*Farben wie aus einem Traum: am Strand von Cap Ferret – bloß nicht wach werden!*

## Boomtown Bordeaux

Über zehn Jahre hat der Umbau von Bordeaux gedauert. Zehn Jahre, in denen die Stadt dank Radpisten, Flaniermeilen und der hypermodernen Straßenbahn neu erschaffen wurde. Hunderte von Palais wurden sandgestrahlt, ganze Altstadtquartiere saniert. Zum Showroom des Wandels avancierte die 4 km lange Uferpromenade. Jüngster architektonischer Zugang ist die Cité du Vin. In dem fulminanten Bau geht es um – Wein. Denn wer Bordeaux sagt, muss auch Bordelais sagen. Gemeint ist eines der prestigeträchtigsten Weinanbaugebiete der Welt.

## Europas längster Strand

Bordeaux' beliebtester Wochenendspot bleibt Arcachon mit dem von den Hütten der Austernzüchter gerahmten Bassin und dem sehr schicken, sehr trendigen Cap Ferret. Auf der anderen Seite des Bassins von Arcachon markiert die Dune du Pilat, mit 102,5 m Europas höchste Düne, den Anfang von Europas längstem Strand. 106 km Sand, Dünen und Wellenbrecher sind das Markenzeichen der Landes. Die Badeorte sind weit verstreut, einige international bekannte Surferhochburgen, wo ein hippes Sommervolk Tätowierter und Sonnengegerbter keine Welle auslässt. Andere sind familiär, inklusive Zeltplatz oder Wohnwagen mit *vue sur mer.* Im Hinterland begegnet man selten Menschen, und wenn sind es Radfahrer oder Wanderer. Dünner besiedelt als die Wälder der Landes ist die französische Atlantikküste nirgends.

## Mordswellen und Movida

Brüllend läuft der Atlantik Amok gegen die von Felsen gerahmten Buchten von Biarritz oder St-Jean-de-Luz. Über die Küstenstraße nach Hendaye fegen Gischtfetzen hinweg. Auf den letzten Kilometern vor der spanischen Grenze gibt sich die baskische Küste dramatisch. Kein Wunder, dass hier in den 1950er-Jahren Europas erste Surfer auf dem Brett gesichtet wurden. Abends wird es auf dem Wasser ruhig. Nicht aber in den Bars. Die Nähe zu Spanien macht sich bemerkbar. Und die Nacht wird lang.

# Französische Atlantikküste in Zahlen

## 1

Die Nummer 1 unter den Regionen Frankreichs ist beim behindertengerechten Reisen die Charente-Maritime.

## 2

Weltmeisterschaften machen Hossegor im Oktober zum internationalen Surfspot: der ›Roxy Pro France‹ für Frauen und der ›Quiksilver Pro France‹ für Männer.

## 29

Prozent aller französischen Wein-AOPs – geschützte Herkunftsbezeichnungen – entfallen auf die Aquitaine!

## 256

Quellen sprudeln im Departement Landes – das ist nationaler Rekord.

## 257

Stufen führen auf den Leuchtturm ›Phare des Baleines‹ an der Westspitze der Île de Ré.

## 800

romanische Kirchen zählt die Region Poitou-Charentes.

Meter hoch ist der Gipfel der Rhune, des hl. Bergs der Basken.

## 50

Esel der Rasse Baudet du Poitou gab es in den 1970er-Jahren noch – mittlerweile ist der Bestand gesichert.

**2600**

Stunden scheint die Sonne im Jahresmittel auf der Île de Ré.

**8300**

Tonnen Fisch werden jährlich in den Häfen von La Rochelle, Royan und La Cotinière zusammen angelandet.

**10 000**

Lastwagen donnern in Spitzenzeiten täglich über die RN 10 von und nach Spanien.

**6 010 000**

Menschen leben in der 2016 geschaffenen Großregion Nouvelle Aquitaine.

**60 000 000**

Kubikmeter Sand formen die Düne von Pilat.

**15 000**

Menschen arbeiten in der Austernzucht.

**106**

Kilometer Sand machen die Küste der Landes zum längsten Strand Europas.

# So schmeckt Frankreichs Atlantikküste

Diese Küste ist ein Reiseziel für Feinschmecker. Dafür bürgen der Reichtum an Fisch und Meeresfrüchten sowie das Angebot an erstklassigen Produkten Südwestfrankreichs. Auch das alte Vorurteil, in Bordeaux trinke man hervorragende Weine zu mäßigem Essen, ist vom Tisch. Die Stadt an der Garonne hat sich zur Genießermetropole entwickelt, auch in puncto Küche.

## Wo, wann, was essen?

Vom noblen Feinschmeckerrestaurant übers hippe Bistro bis zur entspannten Strandbar findet sich für jeden Geldbeutel der richtige Tisch. Café oder Bar bedeutet soviel wie Kneipe, für den kleinen Hunger gibt's dort Sandwich, Pizza, Salat, im Bakenland auch Tapas. Für Kuchen und *petits fours* geht man in einen Salon de thé. Ab 19.30 Uhr etwa schlägt die Stunde fürs Restaurant, wo Menüs oder (teurer) *à la carte* serviert werden. Weniger streng an Mittags- und Abendzeiten halten sich Brasserien: Das Konzept heißt ›durchgehend warme Küche‹. Das Bistro hat einen Bedeutungswandel durchlaufen: Michelin-Stern und Bistro schließen sich nicht mehr aus. Im Gegensatz zum Restaurant geht es dort aber weniger offiziell zu. Immer größerer Beliebtheit erfreut sich die *Bar à vin:* Wein (oft glasweise) steht im Vordergrund, doch eine kleine Speisekarte gehört immer dazu.

## Wie teuer wird es?

Mittags speist man günstiger, auch feinere Adressen locken Mo–Fr mit einem

---

## DIE FRANZÖSISCHE ATLANTIKKÜSTE MACHT SATT UND GLÜCKLICH …

### Köstlichkeiten der Côte

Die besten Kartoffeln Frankreichs sollen von der Île de Ré kommen: Roseval, Charlotte, Amandine heißen die Sorten, von denen Feinschmecker träumen. Austern werden am liebsten roh, Muscheln *à la marinière,* in einer Sahnesauce gegessen. Beide gehören auf ein *Plateau de fruits de mer* – eine kunstvoll über einem Bett aus Algen und Eis arrangierte Meeresfrüchteplatte mit Taschenkrebs, Krabben, Garnelen, Kaisergranat, Seeschnecken.

### Wo Ente und Aal Könige sind

In den Landes ist die Ente *(canard)* König, was sich bei Tisch mit Stopfleber *(foie gras),* gegrillter Entenbrust, eingelegten Entenschenkeln *(confit de canard)* niederschlägt. Aal *(anguille)* stammt aus den Flussmündungen von Gironde und Adour, ebenso wie das als Ragout zubereitete aalartige Meerneunauge *(lamproie).* Fleischliebhaber werden mit luftgetrocknetem Schinken aus Bayonne verwöhnt. Dazu passt Charente-Melone, deren orangerotes Fruchtfleisch zuckersüß schmeckt. Weitere Fleischspezialitäten sind Pauillac-Lamm und Bazas-Rind.

### Alles Käse!

Der Ziegenweichkäse Chabichou stammt aus dem Poitou und trägt ein AOP-Label. Hart und mindestens drei Monate lang gelagert ist hingegen der baskische Schafskäse Ossau-Iraty, ebenfalls mit AOP-Label.

Menü zu kleinem Preis (*menu de la semaine*). Viele Restaurants, Cafés, Bistros bieten ein Tagesgericht *(plat du jour)* oder eine *formule* an (Vorspeise/Hauptgang oder Hauptgang/Dessert, evtl. mit Kaffee und/oder einem Glas Wein). Abends steigen die Preise.

## Restaurant-Kodex

Man überlässt es dem Kellner, einen Tisch vorzuschlagen – man kann aber höflich ablehnen und einen anderen Platz erbitten. Nachdem die Speisekarten verteilt sind, fragt der Kellner, ob man einen Aperitif wünsche. Hat man gewählt, gibt man der Bedienung, die mit ›Monsieur‹ oder ›Madame‹ angeredet wird, ein Zeichen. Die Abfolge von Vorspeise, Hauptgang, Dessert und Kaffee erfordert etwa zwei Stunden. Die Rechnung wird nur auf Aufforderung gebracht. Die Bedienung ist im Preis enthalten *(service inclus)*, ein Trinkgeld aber üblich. Reservieren ist Pflicht … Der Samstagabend und der Sonntagmittag sind in Frankreich für ein Essen außer Haus beliebt – entsprechend groß ist der Andrang. Viele Restaurants legen Sonntagabend und Montag ihren Ruhetag ein. Den Tisch zu reservieren, empfiehlt sich fast immer: Je beliebter das Lokal, je renommierter der *chef de cuisine*, desto schneller heißt es *complet* – kein Platz mehr frei.

## Weine aus Bordeaux

Die 120 000 ha Reben der über 50 AOP-Weine im Bordeaux-Gebiet stehen für weltweit bekannte Tropfen. Die typischen Rebsorten Cabernet Sauvignon, Cabernet Franc, Merlot, Malbec und Petit Verdot

## VIELFÄLTIG UND GESUND

Sie sind reich an Proteinen, Vitaminen, Spurenelementen – und doch unterschiedlich: Die aus dem Bassin d'Arcachon, wo die Schalentiere auf einer Fläche von 800 ha gezüchtet werden, sind besonders fleischig und haben einen nussigen Geschmack. 10 % aller französischen Austern stammen aus der Bucht, macht 8000 bis 10 000 t pro Jahr. Das vor großen Temperaturschwankungen geschützte Bassin – für die Zucht muss das Wasser mind. 22 °C warm sein – ist zudem Frankreichs wichtigste Austernbrutstätte. Die Züchter liefern die Jungaustern an die Kollegen in Normandie, Bretagne, Languedoc und den Niederlanden.

ergeben elegante, kraftvolle Rotweine. Trockene und natursüße Weißweine werden aus den Rebsorten Sauvignon Blanc, Sémillon und Muscadelle produziert.

## Weine aus Gascogne und Baskenland

Vins du Haut-Pays, die Weine aus dem Oberland, haben die Winzer des Bordelais die Tropfen vom Fuß der Pyrenäen früher abschätzig genannt. Und wundern sich über den Erfolg kraftstrotzender Madirans, fruchtiger Gascogne-Weine oder lebendiger Rosés aus dem baskischen Irouléguy. Einen Sprung nach vorn haben auch die Weißweine des Jurançon getan. Goldfarben ist der Jurançon moelleux, ein natursüßer Wein mit Ananas- und Quittenaromen. Honignoten und ein Hauch Limone zeichnen den Jurançon sec aus.

*P*
PREISE

So viel kostet in etwa eine *formule* oder ein Hauptgericht:
€   bis 20 Euro
€€   20 bis 35 Euro
€€€   über 35 Euro

# Ihr Atlantikküste-Kompass

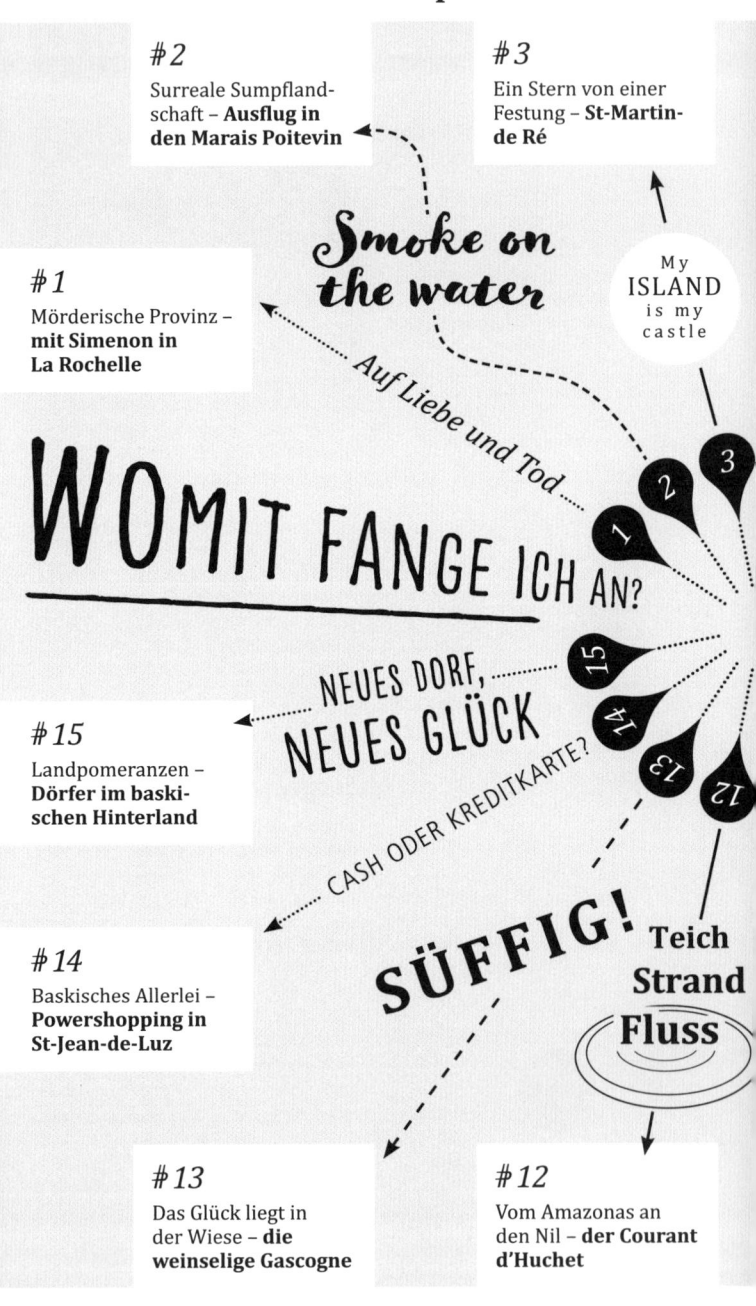

**#2**
Surreale Sumpflandschaft – **Ausflug in den Marais Poitevin**

**#3**
Ein Stern von einer Festung – **St-Martin-de Ré**

*Smoke on the water*

My ISLAND is my castle

**#1**
Mörderische Provinz – **mit Simenon in La Rochelle**

*Auf Liebe und Tod*

# WOMIT FANGE ICH AN?

*NEUES DORF, NEUES GLÜCK*

**#15**
Landpomeranzen – **Dörfer im baskischen Hinterland**

*CASH ODER KREDITKARTE?*

**#14**
Baskisches Allerlei – **Powershopping in St-Jean-de-Luz**

**SÜFFIG!**

Teich
Strand
**Fluss**

**#13**
Das Glück liegt in der Wiese – **die weinselige Gascogne**

**#12**
Vom Amazonas an den Nil – **der Courant d'Huchet**

**#4**

Harte Schale, weicher Kern – **die Austern von Marennes**

**#5**

Zu Besuch bei den Engeln – **Saintes und die Saintonge**

LUXUSDIÄT

LANDPARTIE
ins Mittelalter

**#6**

Aus dem Dornröschenschlaf erwacht – **Bordeaux' neue Uferfront**

Space City

VIVE LE VÉLO

**#7**

Bahntrassen-Romantik – **mit dem Rad durch Entre-Deux-Mers**

Médoc inside

**#8**

Weinprobe beim Winzerhochadel – **auf der Route des Châteaux**

Mildes Lüftchen
zwischen Luxusvillen

NICHT OHNE MEINE SONNENCREME!

**#9**

Ewiger Sommer in der ›Winterstadt‹ – **Arcachons Ville d'Hiver**

SCHAFE, OCHSEN, **WALD-SCHRATE**

**#11**

Hühnerhaus, Herrenhaus – **das Freilichtmuseum Marquèze**

**#10**

Sahara am Atlantik – **die Düne von Pilat**

# La Rochelle und Charente-Maritime

2600 Stunden scheint die Sonne pro Jahr über der La Rochelle vorgelagerten Île de Ré, die ein Tummelplatz Pariser Ferienhausbesitzer ist. Rochelle selbst? Unter den Arkaden der schönsten Hafenstadt am französischen Atlantik wird flaniert, geplaudert, sich amüsiert. Das milde Klima lässt Tropenpflanzen sprießen. Größte Attraktion des Hinterlands bleibt der Marais Poitevin, ein Labyrinth von Kanälen und Sümpfen. Weiter südlich nennt sich die Küste Côte de Beauté. Kiefernwälder, Sandstrände und zauberhafte Badeörtchen berechtigen zum Titel ›Schöne Küste‹.

# La Rochelle

📖 C 2, Cityplan S. 20

Der wehrhafte Hafen schreckte über Jahrhunderte alle Angreifer ab – heute reiht sich ein Café an den Kais ans andere. La Rochelle mit seinen 75 400 Einwohnern (Großraum 167 700 Einw.) ist eine Bühne des Lebens, über die trotz des nahen Atlantiks ein kräftiger Hauch Süden weht. Man zeigt sich im neuen Sommerkleid, führt die neue Liebe aus – Küsschen links, Küsschen rechts, ›la vie est belle‹.

### Mit Riesenschritten in die Zukunft

Schön war das Leben in La Rochelle auch für den Dichter Georges Simenon, der hier viele Jahre verbrachte (▸ S. 18). Wer genug von Cafés und Kais hat, sollte einen Ausflug mit Elektroauto oder -bike in den Marais Poitevin unternehmen (▸ S. 24). La Rochelle, Hochburg gut situierter Linksintellektueller und Universitätsstadt, setzt auf zukunftsweisende Mobilität. Hier wird mit einem Pilotprojekt E-Mobilität getestet und der Hochgeschwindigkeitszug TGV Atlantique gebaut. Was vergessen? Ja, der linke Bürgermeister Jean-François Fountaine ist in einem anderen Leben erfolgreicher Konstrukteur von Katamaranen und Segeljachten.

### WAS TUN IN LA ROCHELLE?

### Maritimer Müßiggang am Hafen

Stolz flankieren die zinnengekrönte **Tour St-Nicolas** und die runde **Tour de la Chaîne** die Einfahrt in den **Vieux Port** ❶, den von Caféterrassen gerahmten mittelalterlichen Hafen. Etwas weiter westlich ergänzt die von einer gotischen Spitze erhöhte **Tour de la Lanterne,** die bis 1879 als Gefängnis diente, das Türme-Trio (April–Sept. 10–13, 14.15–18.30, Okt.–März bis 17.30, Juli/Aug. 10–18.30 Uhr, 1 Turm 6 €, 3 Türme 9,50 €). Das Viertel **Le Gabut** ❷ im Südosten war einmal Heimat der Fischer.

### DIE WEGE UM DAS HAFENBECKEN KÖNNEN LANG SEIN …

Enorm verkürzen können Sie sie mit dem **Passeur électrique** (April–Mai 7.30–22, Juni–Sept. bis 24, Okt.–März bis 20 Uhr) und dem **Bus de Mer** (Juli/Aug. 8.30–23, Juni 9–19, April–Mai, Sept. 10–19, Okt.–März nur Sa/So 10–18 Uhr) – so heißen die Pendelbötchen zwischen Vieux Port, Le Gabut und Port des Minimes. Die Leihräder von **Greenbike** ❶ (▸ S. 22) dürfen mitgenommen werden (alle 30–60 Min., je nach Strecke 1–3 €).

Heute erinnert das sanierte, zum Ausgeh- und Einkaufsviertel gewandelte Ensemble mit seinen bunten Holzfassaden an ein skandinavisches Dorf. Etwas weiter südlich liegt das **Aquarium** ❸ wie eine gläserne Raumstation am Bassin des Chalutiers vor Anker. In den 78 Becken des futuristischen Baus, die eine artgerechte Haltung erlauben, ist Platz genug für die Fauna und Flora der Weltmeere: 12 000 Seetiere warten auf Besucher (Quai Louis Prunier, www.aquarium-la rochelle.com, April–Juni, Sept. 9–20, Juli/Aug. 9–23, Okt.–März 10–20 Uhr, 17,50 €). Noch weiter südlich liegt die ›France I‹. Das 1958 gebaute Wetterbeobachtungsschiff ist Teil des **Musée Maritime** ❹. Auch der Kutter ›Angoumois‹ und der Schlepper ›St-Gilles‹ gehören zur Flotte des Seefahrtsmuseums (Quai Sénac de Meilhan, www.museemaritime. larochelle.fr, Mitte Juni–Mitte Sept. Di–Fr, So 10–18, Sa 14–18, sonst Di–Fr, So 10–12.30, 13.30–17.30, Sa 13.30–17.30 Uhr, 9 €). Zurück in Richtung Altstadt. Ein Dorf in der Stadt ist das **Quartier St-Nicolas.** Wahrzeichen des Viertels zwischen Vieux Port und Quai Louis Durand ist der weiß-rote **Leuchtturm** ❺ am Quai Valin, Zentrum die heimelige **Place de la Fourche.** Wer den **Port des Minimes** ❻ anzuschauen möchte, steigt am Cour des Dames unterhalb der Tour de la Chaîne in den **Passeur électrique:**

Das Bötchen pendelt zu Europas größtem Segelhafen am Atlantik.

### Shoppen und Schauen in der Altstadt

Achtung: La Rochelle ist eine Falle für Shoppingfans. Unter den Arkaden der geschäftigen Einkaufsmeilen **Rue du Palais** und **Rue Chaudrier** reihen sich Boutiquen. Zu sehen ist aber auch sonst eine Menge. Zu den auffälligsten Gebäuden gehören das spätbarocke **Hôtel de la Bourse** 7 und der imposante **Palais de Justice** 8. Kurz vor der Kathedrale trifft man auf die **Maison Henri II** 9: Der Spätrenaissancebau ist mit Pavillons, Galerie, Loggia, Medaillons verschönert. An der Ecke zur Place de Verdun dräut die ungeschlachte Kathedrale **St-Louis** 10. Der Bau aus dem 18. Jh. wurde nie vollendet – die Revolution kam dazwischen. Das Viertel um das **Hôtel de Ville** 11 ist Fußgängern vorbehalten. Leider ist das Rathaus selbst wegen eines Brandes nicht zu besichtigen: Die Sanierung des von einer gotischen Mauer abgeschirmten Renaissancebaus wird Jahre beanspruchen. Eine Besonderheit in einem mehrheitlich katholischen Land wie Frankreich ist der **Temple protestant** 12, die protestantische Kirche, an die das **Musée rochelais d'Histoire protestante** 13 grenzt (2, rue St-Michel, www.protestantisme-museelarochelle. fr, Juli/Aug. Mo–Sa 14.30–18 Uhr, sonst ganzjährig auf Anfrage, 5 €, u. a. deutschsprachige Führung). Im Museum wird die Geschichte der Protestanten der Charente-Maritime ab dem 16. Jh. erzählt. Genug gesehen? Asphaltmüde? Zum ›Frische Luft schnappen‹ bliebe der **Parc Charruyer** 14. Im Westen folgt auf Ententeiche und Spazierwege nach 2 km **Le Mail** 15, eine von Kiefern gesäumte Allee mit Blick aufs Meer.

## MUSEEN, DIE LOHNEN

### Kanadisch-französische Freundschaft
**Musée du Nouveau Monde** 16

Was La Rochelle und Kanada verbindet? In einem Reederpalais aus dem 18. Jh. beleuchtet das Museum zur französischen Kolonialgeschichte den Versuch Frankreichs, als Kolonialmacht in Nordamerika mitzumischen. In einem anderen Saal wird eine wenig ruhmreiche Seite der städtischen Geschichte aufgeschlagen. La Rochelle war einst Drehscheibe des Sklavenhandels. Ausstellungsobjekte, die alles andere als ›p.c.‹ sind, etwa eine Pendeluhr mit ›Negermotiv‹, sind beredt.

10, rue Fleuriau, https://museedunouveaumonde. larochelle.fr, Mitte Juni–Mitte Sept. Mi–Mo 9.30–12.30, 13.45–17, Sa/So nur 14–18 Uhr, sonst Mi–Mo 10–13, 13.45–18, Sa/So nur 14–18 Uhr, 8 €, unter 18 J. gratis

### Kolonialgeschichte, die Zweite
**Muséum d'Histoire Naturelle** 17

Die erste Giraffe hat Paris 1826 erreicht. Und zwar zu Fuß, vom Hafen Marseille,

*Ein beliebtes Motiv: die Tour de la Chaine im Hafen von La Rochelle. Oder wird hier ein Foto vom Fotografen gemacht? Oder ein Selfie?*

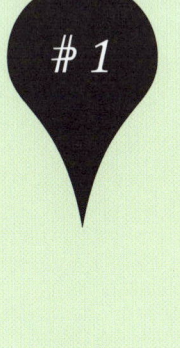

# #1

# Mörderische Provinz – mit Simenon in La Rochelle

**Man muss sich Georges Simenon in La Rochelle als glücklichen Menschen vorstellen. Vor den Toren der Stadt bewohnte der Krimischriftsteller ein Gutshaus, dessen Wiesen bis ans Meer reichten. Von hier ritt er ins Café de la Paix, wo die Freunde warteten.**

Das **Café de la Paix** ⑤ gibt es in all seiner Stuck- und Plüschpracht noch immer. Und auch den Metallring an der Fassade, an dem Simenon das Pferd festmachte. Der Erfinder von Kommissar Maigret traf im Café die Honoratioren von La Rochelle, darunter den Hutmacher aus der **Rue du Palais 6** (heute Bouchara-Filiale), der im Roman »Die Fantome des Hutmachers« porträtiert wird. Ein anderer Freund war der Reeder Oscar Dahl, der in »Das Testament Donadieu« verewigt wurde. Simenon schrieb 28 Romane in La Rochelle oder Umgebung, von denen 19 die Stadt als Setting nutzen.

## Neue Liebe gegen Liebeskummer

1927 kam Simenon zum ersten Mal in die Charente-Maritime. Der belgische Erfolgsautor richtete sich mit Ehefrau Tigy in einem Ferienhaus auf der Île d'Aix ein. Simenon erholte sich von der unglücklichen Liebesaffäre mit dem Revuestar Jose-

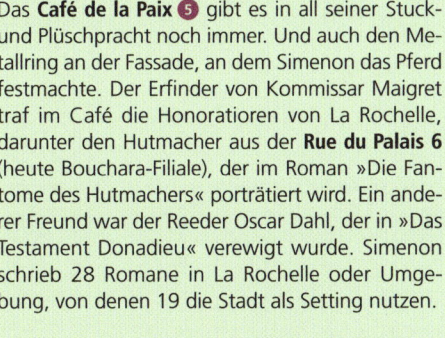

*Eben das Pferd draußen angebunden und auf ein Käffchen ins Café de la Paix. Das war typisch Simenon. Seinem Lieblingsort in La Rochelle hat er nicht nur ein signiertes Buch vermacht, sondern auch den Ring, an dem er sein Ross festzumachen pflegte.*

phine Baker. Ein Fischer nahm ihn eines Tages auf dem Boot nach La Rochelle mit: Für Simenon war die Hafenstadt Liebe auf den ersten Blick.

## Wie seine eigene Westentasche ...

Erst 1932 strandete das Ehepaar erneut in La Rochelle und bezog ein Zimmer im Hôtel de France-Angleterre in der von Arkaden gesäumten **Rue du Minage.** Das Hotel gibt es nicht mehr. Der Hinterausgang in der Nr. 43, durch den Simenon in die heute schicke Einkaufsstraße gelangte, dient als Entree des noblen Hôtel Résidence de France. In die **alten Markthallen** 3 an der Place du Marché soll Simenon hoch zu Ross eingeritten sein. Zudem hatten es ihm die Bars in der Rue des Bonnes Femmes auf der Nordseite der Markthallen angetan.

Das heutige Ausgehviertel **Le Gabut** 2 war zu Simenons Zeiten ein geschäftiges Hafenviertel. Am südlichen Kai, der heute Quai Georges Simenon heißt, stand das Kontorgebäude des Reeders Oscar Dahl, den der Schriftsteller oft besuchte. Fast ebenso häufig war er in Dahls Stadtpalais in der **Rue Réaumur** zu Gast, einer Straße, die eine gehobene Wohnlage geblieben ist.

## Das Glück liegt vor den Toren der Stadt

Von 1932 bis 1936 mietete sich Simenon vor den Toren von La Rochelle auf **La Richardière** ein. Ein Hohlweg, der Chemin de la Richardière, führt am südlichen Dorfrand von **Marsilly** von der D 106 zum Anwesen. Simenon arbeitete im Erdgeschoss, in einem Zimmer rechts neben dem Turm. Seine Frau Tigy malte eine Etage höher. Boule, das Hausmädchen, herrschte in der Küche, die in dem separaten Häuschen im Innenhof untergebracht war.

Der Krimiautor liebte die von Stränden, Klippen, Flussmündungen und Austernbänken geprägte und nur 500 m entfernte Küste. Da er das Anwesen nicht kaufen konnte, erwarb Simenon 1938 ein Haus im Nachbardorf **Nieul-sur-Mer.** Hier in der Rue de l'Océan 33 wurde 1939 Sohn Marc geboren. Das schmiedeeiserne Portal lässt den Park dahinter nur erahnen. 1940 nahm das Glück in La Rochelle ein Ende: Das Haus wurde von den Deutschen beschlagnahmt, Simenon siedelte in die Vendée über.

---

▶ **INFOS**

Wer mehr über Simenon und Maigret wissen möchte, ist hier richtig: **www.maigret.de**

**Ü**
ÜBRIGENS

Als ob man es nicht längst geahnt hätte: Simenon war ein zutiefst sentimentaler Mensch. Als er als alter Mann wieder nach La Rochelle kam, schrieb er ins Gästebuch des Café de la Paix: »Zur Erinnerung an die glücklichsten Jahre meines Lebens«.

---

INFOS/ÖFFNUNGSZEITEN
**Markthallen (Les Halles)** 3: tgl. 7–13 Uhr. Mi, Sa gibt es das beste Angebot.
**La Richardière/Wohnhaus in Nieul-sur-Mer:** nur Außenbesichtigung

---

SCHÖNES CAFÉ DES FIN DE SIÈCLE
**Café de la Paix** 5: 54, rue Chaudrier, T 05 46 41 39 79, Mo–Sa 7–22 Uhr, €–€€. Denkmalgeschützter Saal, ordentliche Brasserieküche

# LA ROCHELLE

## Sehenswert

1. Vieux Port
2. Le Gabut
3. Aquarium
4. Musée Maritime
5. Leuchtturm
6. Port des Minimes
7. Hôtel de la Bourse
8. Palais de Justice
9. Maison Henri II
10. St-Louis
11. Hôtel de Ville
12. Temple protestant
13. Musée rochelais d'Histoire protestante
14. Parc Charruyer
15. Le Mail
16. Musée Nouv. Monde
17. Muséum d'Histoire Naturelle
18. Musée de Beaux-Arts

## In fremden Betten

1. Le Champlain
2. La Maison du Palmier
3. St-Nicolas
4. Auberge de Jeunesse

## Satt & glücklich

1. Le Bistro des Bonnes Femmes
2. Le Mail
3. Le Jardin du Marché
4. Ernest le Glacier
5. Café de la Paix

## Stöbern & entdecken

1. AH5 Sailing
2. L'Épicurium
3. Les Halles

## Wenn die Nacht beginnt

1. Cave de la Guignette
2. La Cav'A'So

## Sport & Aktivitäten

1. Greenbike
2. Croisières Inter-Îles

wo das Geschenk des ägyptischen Vizekönigs für den französischen König von Bord ging, und dann quer durch Frankreich. Nach Zarafas Tod wurde sie ausgestopft und steht seither im Treppenhaus des Naturkundemuseums. Damit nicht genug: Zur einzigartigen Sammlung gehören auch ein Gnu, ein Gorilla und Muscheln, die meisten aus ehemaligen französischen Kolonien. Und dann der Bau: Die zoologische und ethnografische Sammlung wird im prachtvollen ehemaligen Palais des Gouverneurs gezeigt – seit 1832.

28, rue Albert 1er, www.museum-larochelle.fr, Juni–Sept. Di–So 10–18, sonst Di–Fr, So 10–12.30, 13.30–17.30 Uhr, 6 €, unter 18 Jahren u. 1. So Sept.–Juni gratis

### Große Kunst, jährlich reloaded
**Musée des Beaux-Arts** `18`
Das Konzept ist einzigartig: Jedes Jahr darf eine Gruppe oder eine Persönlichkeit des öffentlichen Lebens einen Teil der Sammlung von Gemälden des 15.–20. Jh. nach eigenem Geschmack neu hängen. Wo also die Werke von Corot, Doré, Fromentin im ehemaligen Bischofspalast Hôtel de Crussol d'Uzès (18. Jh.) beim nächsten Mal hängen? Überraschung!

28, rue Gargoulleau, https://museedesbeauxarts.larochelle.fr; wegen umfassender Sanierungsarbeiten vorauss. bis 2026 geschl.

---

## SCHLEMMEN, SHOPPEN, SCHLAFEN

### 🏠 In fremden Betten

### Das Leben: ein Rosengarten!
**Le Champlain** `1`
Ehemaliges Kloster mit dem Charme des 17. Jh. Zimmer mal klassisch, mal verhalten modern, die schönsten zum Rosengarten. *Très romantique!*

30, rue Rambaud, T 05 46 41 23 99, www.hotelchamplain.com | €€–€€€

### Voyage, voyage …
**La Maison du Palmier** `2`
Reederpalais mit drei Chambres d'hôte, die den Charme des 300 Jahre alten

Hauses mit modernem Design vereinen. Die Zimmer sind dem Reisen gewidmet.

23, pl. du Maréchal-Foch, T 05 46 50 31 96, www.lamaisondupalmier.com | €€–€€€

### Ein Dorf in der Stadt
**St-Nicolas** `3`
Die nette Lage im dörflichen Viertel St-Nicolas macht's. Die Zimmer? Eher banal.

13, rue Sardinerie, T 05 46 41 71 55, www.hotel-saint-nicolas.com | €€–€€€

### Frisch wie eine Segeltörn
**Auberge de Jeunesse** `4`
Keine Jugendherberge, sondern ein ›internationales Hostel‹ mit hohem Frischefaktor und Bar mit Terrasse zum Jachthafen. Das Ganze 30 Min. Fußweg vom Zentrum entfernt. Oder man nimmt das Pendelboot ›Bus de mer‹.

Avenue des Minimes, T 05 46 44 43 11, www.aj-larochelle.fr | €

---

### 🍴 Satt & glücklich

### Wo nicht nur Frauen glücklich sind
**Le Bistro des Bonnes Femmes** `1`
La Rochelles neue In-Adresse bei der Markthalle. Tolle Karte, flotter Service, cooles Ambiente.

5, rue des Bonnes-Femmes, T 05 46 52 19 91, www.lebistrotdesbonnesfemmes.com, So, Juli/Aug. auch Mo geschl. | €€

### Brasserie moderne
**Le Mail** `2`
Bodentiefe Fenster, Brasserie-Mobiliar, auf der Karte Fisch aus regionalem Fang und Gemüse aus der Charente Maritime. Tolles Preis-Leistungs-Verhältnis!

16, allée du Mail, T 05 46 34 12, www.restaurant-le-mail.com, So abends geschl. | €€

### Frühstück im Garten? ›Mais oui!‹
**Le Jardin du Marché** `3`
Ein grünes Hideaway, in dem man das Frühstück (die Brioche!) unter Bambuszweigen genießt. Alles ist hausgemacht, der Orangensaft frisch gepresst.

5 bis, rue Gargoulleau, T 05 46 41 06 42, http://lejardindumarche.com, Frühstück Mo–Sa 8–11.30 Uhr | €€

## COOL, COOLER, ERNEST!

Ernest hieß der Großvater und war Bauer, seine Enkel haben ihre Eisdiele **Ernest le Glacier** ❹ nach ihm benannt. Cool sind nicht nur die über 80 Sorten – der Hit: »Chocolat-poivre de Séchuan-nougatine« –, sondern auch die spacigen Sitzbankskulpturen vor dem Hauptgeschäft.

48, cours des Dames u. 16/18, rue du Port, www.ernest-le-glacier.com, Di–Sa 10.30–12.30, 13.30–18.30 Uhr

### 🛍 Stöbern & entdecken

#### Leinen los!
**AH5 Sailing Voiles d'Ombrage**
Nur einen Steinwurf vom Musée Maritime entfernt bietet das Atelier Strandtaschen, Liegestühle, Laptop-Hüllen, Lampen und vieles mehr aus alten Segeln an. Der Stil? Très maritime!

12, rue de la Scierie, T 05 16 85 71 26, www.ah5sailing.com, So/Mo geschl.

#### Alles Käse!
**L'Épicurium** ❷
Das beste Käseangebot von La Rochelle, ach was, des gesamten Departements. Plus Baguette = Picknick.

6, rue Gargoulleau, http://fromagerie-lepicurium.fr, tgl. außer So nachmittags 9.30–13, 15–19 Uhr

### Ü
**ÜBRIGENS**

Die Verbrechensrate auf der Ile de Ré ist ausgesprochen niedrig, doch mehr als 20 % der Einwohner von St-Martin-de-Ré sitzen im **Gefängnis**, weitere 10 % gehen dort ein und aus. Denn die Zitadelle am Ortsrand ist das größte Hochsicherheitsgefängnis Frankreichs mit 485 Inhaftierten und 285 Justizangestellten.

### Genusstempel
**Les Halles** ⓘ
Die alte Markthalle ist nicht nur hübsch anzusehen, sondern auch ein Mekka für alle Produkte der Region Charente-Maritime: Frühkartoffeln von der Île de Ré, honigsüße Charente-Melonen …

Pl. du Marché, tgl. morgens, am größten ist der Markt Mi u. Sa

### ☀ Wenn die Nacht beginnt

#### Immer rappelvoll
**La Cave de la Guignette** 🍷
Gibt es seit 1933 und ist bis heute angesagt. Spezialität ist der Likör Guignette.

8, rue St-Nicolas, Mo–Sa 10.30–13.30, 16.30–21, So 16.30–21 Uhr

#### Sophie's Empfehlung
**La Cav'A'So** ❷
Nettes Weinlokal am Gabut-Kai, geführt von Sophie, die auf der Terrasse freundlich empfiehlt. Tapas!

29, quai du Gabut, Juli/Aug. außer Mi abends 9–2, sonst Di–Fr 12–23, Sa/So 14–2 Uhr

### ⚓ Sport & Aktivitäten

#### Radtouren und -verleih
**Greenbike** ❶
230 km Radwege locken, eines der 350 Räder auszuleihen.

41, quai du Gabut (3 Min. zu Fuß vom Office de Tourisme), www.location-greenbike.com

#### Mini-Cruises
**Croisières Inter-Îles** ❷
Bootsausflüge zur Île d'Aix, Île de Ré, Île d'Oléron und zum Fort Boyard.

Ab Vieux Port (Cours des Dames) oder Esplanade St-Jean-d'Acre, T 08 25 13 55 00, www.inter-iles.com, Apri–Sept. tgl., März, Okt. nur Sa/So

### INFOS

**Office de Tourisme:** 2, quai Georges Simenon, T 05 46 41 14 68, www.

larochelle-tourisme.com. City Pass mit zahlreichen Ermäßigungen, ÖPNV und Vélos jaunes gratis; ebenfalls Museums-Kombiticket (24, 48 oder 72 Std. gültig, 28–48 €).
**Charente Maritime Tourisme:** www.infiniment-charentes.com

## TERMINE

**Festival International du Film:** Ende Juni–Anfang Juli, www.festival-larochelle.org. Filmfestival mit sehr familiärer Atmosphäre. Parallel dazu läuft das viertägige Dokumentarfilmfestival **Sunny Side of the Doc,** www.sunnysideofthe doc.com.
**Les Francofolies:** Woche um den 14. Juli, www.francofolies.fr. Festival des französischen Chansons und der französischen Popmusik.

# Île de Ré 🗺 B/C 2

**Wow! Bei der Fahrt über die mautpflichtige Brücke, die die 26 km lange und max. 5 km breite Insel (17 600 Einw.) mit dem Festland verbindet, taucht ein Bild von fast unwirklicher Schönheit auf. Goldene Strände und immergrüne Wälder, dazwischen eingestreut weiße Dörfer. ›La Blanche‹ – ›die Weiße‹ – wird die Île de Ré genannt, weil nur die Fensterläden und Stockrosen bunte Tupfer in die weißen Gassen der Inseldörfer setzen. ›Tout Paris‹ besitzt auf der sonnenverwöhnten Insel ein Ferienhaus. Namen werden ungern genannt, Luxus ist verpönt. Monströse Werbetafeln, schnöde Strommasten? Fehlanzeige, gibt es nicht auf dem »französischen Sylt«, wie die »Zeit« die Insel titulierte. Zahlreich sind hingegen Forts, Bastionen, Zitadellen, mit denen sie sich früher gegen englische und holländische Invasoren wehren musste. Heute schreckt eher das hohe Preisniveau ab.**

Warum die **Esel** auf der Île de Ré früher **Unterhosen** getragen haben? Die *culottes* schützten die Tiere vor Insekten. Heute grasen die zotteligen Baudet-du-Poitou-Esel von Régis Leau ohne Unterhose auf den Grünflächen zu Füßen der Festungsmauern. Zum Trost: Zu besonderen Events ziehen die Esel ihre *culottes* noch heute an. Und in der Boutique Les anes en culotte verkauft Monsieur Leau Produkte aus Eselsmilch (32 bis, route des Chaignes, St-Martin-de-Ré, www. ane-en-culotte.com).

### Sehen und gesehen werden
Wer über die Brücke vom Festland rüberhüpft, landet fast automatisch in **La Flotte.** Dank mittelalterlicher Markthalle, bilderbuchschönem Minihafen und schattigem Platanencorso gehört das Dorf zum Kreis der *plus beaux villages* Frankreichs. An den Kais schunkelt die bunte Flotte alter Fischerboote des Musée du Platin (4, cours Félix Faure, www.museeduplatin.fr, April–Okt. Mo–Fr 10–12.30, 14–18, So 14–18 Uhr, 4 €). Das Museum zeigt Ausgrabungsfunde von der **Abbaye des Châteliers** (2 km östl. an der D735, frei zugänglich). Eine sternförmige Festung (▶ S. 28) des berühmten Architekten Vauban schützt die Inselhauptstadt **St-Martin-de-Ré.** Hinter den Mauern brummt's: Die Stadt gilt als St-Tropez am Atlantik. Zu sehen gibt es außer *beautiful people* aber auch noch anderes. Zwischen Reederpalais und Fischerkaten ragt die Ruine von St-Martin empor. Die befestigte Kirche wurde 1696 von holländischen und englischen Schiffen beschossen. Der Blick vom Turm ist umwerfend!
Von **Rivedoux-Plage** bis **La Couarde** gleicht die Insel einem langen Sandstrand. Hier geht's nicht ganz so schick zu wie sonst auf der Île de Ré. Dafür findet jeder ein Robinson-Plätzchen.

# 2

# Surreale Sumpflandschaft – **ein Ausflug in den Marais Poitevin**

**Mit knapp 100 000 Hektar ist der Marais Poitevin Frankreichs zweitgrößtes Feuchtbiotop. Und ein Paradies von Menschenhand, ein einzigartiges Ökosystem und eine Attraktion für Besucher. Also, ab in den Sumpf.**

Noch im Mittelalter war die amphibische Landschaft zwischen der Aiguillon-Bucht im Westen und Niort im Osten vom Golfe des Pictons bedeckt. Mönche ließen erste Kanäle zur Trockenlegung graben. Unter König Heinrich IV. kamen holländische Spezialisten ins Land, die den Sumpf mit Deichen in eine Polderlandschaft verwandelten.

### Ab ins Boot
Mehr zu Geschichte, Traditionen, Fauna und Flora erfährt man in **Coulon** 1 in der Maison du Marais Poitevin, wo das Maraisope, eine audiovisuelle Schau, alles Wissenswerte vermittelt. Coulon selbst liegt malerisch am Ufer der Sèvre Niortaise. Mit Brücken, Kais, Gassen und der romanisch-gotischen Pfarrkirche wirkt das Dorf wie aus einem Bilderbuch. Coulon ist zudem wichtigster Startpunkt für eine Tour mit dem Nachen durch das ›grüne Venedig‹. Unterwegs plumpsen Bisamratten ins Wasser. Wasserhühner stieben davon, Reiher sitzen starr auf einem Ast. Im Herbst, wenn Frühnebel über dem Wasser wabert, ist die Tour ein schaurig-schönes Erlebnis.

### Landpartie zwischen Kirchen und Kühen
Über Le Vanneau geht es mit dem Auto oder per Rad weiter nach **Arcais** 2. Auch im hübschen Dorf kann man im Grand Port zu einer Erkundungstour durch den Sumpf ins Boot steigen. Im Viertel La Garenne lädt der alte Treidelpfad zu einem Spaziergang ein. Ein paar Kilometer weiter südlich bekommt man im **Parc Les Oiseaux du Marais Poitevin** 3 fast alle der 70 im Sumpf verbreiteten Vogelarten zu Gesicht. In **Maillé** 4 bezeugt das ro-

*Mitten durch den Sumpf. Das ist wunderschön … So lange man nicht kentert!*

**ÜBRIGENS**

Spannend wird's, wenn der Bootsführer mit dem Holzstab im Bodenschlamm des Kanals stochert und dann das Feuerzeug über der Wasseroberfläche anzündet. Die Folge ist eine **Stichflamme:** Das Stochern hat Methangas freigesetzt, das durch faulende Blätter am Kanalgrund entsteht.

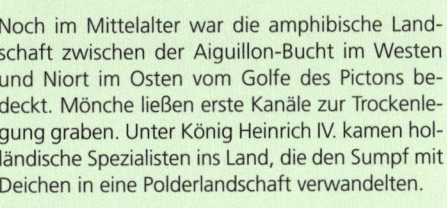

manische Portal der Kirche Notre-Dame das Alter des Dorfs. An der Kirche beginnt ein Spaziergang zur Île de la Chatte und zu den Resten eines Donjons.

## Ungewöhnlicher Überblick

Ein Höhepunkt im wahrsten Sinne des Wortes ist die **Abbaye de St-Pierre** 5 in Maillezais: Die weithin sichtbare Abteiruine kündet von der Macht der Benediktiner, die sich im 11. Jh. auf einer Insel niedergelassen haben. Während der Religionskriege des 16. Jh. wurde die mächtige Abtei zerstört und nach der Revolution als Steinbruch genutzt.

Ein ganz anderes Gesicht zeigt der Marais Poitevin in **Marans** 6. Das Städtchen 10 km hinter der Küste ist durch einen Kanal mit La Rochelle verbunden. Viele Segeljachten haben hier ihren Liegeplatz. Vom 1988 aus Aluminium und Glas auf die Dorfkirche gepfropften Turm hat man einen grandiosen Blick über den Marais Poitevin.

▶ INFOS

Alles über das Marais:
**www.parc-marais-poitevin.fr**

**N**
NOCH WAS

Sie kennen Engelwurz nur als Tee gegen Bauchweh oder als Zusatz im Likör Chartreuse? In der Boutique der **Maison du Marais Poitevin** 1 wird Engelwurz auch kandiert angeboten. Die Süßigkeit ist eine alte regionale Spezialität.

---

INFOS/ÖFFNUNGSZEITEN

**Maison du Marais Poitevin:** Coulon 1, Pl. de la Coutume, www.maison-marais-poitevin.fr, April–Juni, Sept.–Mitte Nov. 10–13, 14–18, Juli/Aug. 10–13, 14–19.30 Uhr, 7 €. Sumpf-Führungen!
**Parc ornithologique Les Oiseaux du Marais Poitevin** 3: St-Hilaire-la-Palud, Le Petit Buisson, www.oiseauxmarais poitevin.com. Ende März–Ostern, Mitte Sept.–Allerheiligen Di–So 14.30–19, Ostern–Mitte Sept. tgl. 10–19.30 Uhr, 9,50 €. Ebenfalls Nachentouren und Bootsverleih
**Abbaye de St-Pierre** 5: Maillezais, Juni–Aug. tgl. 10–19, März–Mai, Sept.–Mitte Nov. Mi–Mo 10–12.30, 14–18 Uhr, 6 €, bis 18 Jahre gratis

AAL UND MEHR REGIONALES

Das **Le Central** in Coulon 1: 4, rue d'Autremont, T 05 49 35 90 20, www.hotel-lecentral-coulon.com, €€–€€€, So

abends, Mo geschl. Ein familiengeführtes Hotel mit freundlichen Zimmern (€€). Im Restaurant gibt es gehobene Regionalküche. Wir bleiben!

---

AUF DEM WASSER UNTERWEGS

Kommentierte **Bootstouren, Vermietung von Kanus** u. a. in Coulon, Arcais, St-Hilaire-la-Palud, Maillezais.

Marais Poitevin

0   5 km

Bouillé-Courdault
Maillezais
Niort-O.
N148
Bénet
Maillé
Canal de la Vieille Autise
St-Sigismond
Le Mazeau
Coulon
Sèvre Niortaise
Canal de la Fosse
Arcais
Le Vanneau
St-Hilaire-la-Palud

*Auf der Île de Ré ist die Familienidylle perfekt. An so einem Tisch bleiben alle gerne sitzen. Nicht einmal die Füße müssen still gehalten werden, es ist doch Urlaub.*

### Nobles ›Land's end‹

**Ars-en-Ré** gilt als Promi-Dorf, doch die Schönen, Reichen und Mächtigen üben sich in Understatement und machen keine große Welle – was fast für die gesamte Westhälfte der Île de Ré gilt. Wahrzeichen des postkartenschönen Dorfs ist der schwarz-weiß getünchte Kirchturm, dessen Nadel wie eine Rakete über dem romanischen Portal aufsteigt (Turmführung übers Office de Tourisme April–Allerheiligen, 4 €). Bei **St-Clément-des-Baleines** macht es die Lage an der Westspitze der Insel. Dort erhebt sich mit der **Tour des Baleines** Frankreichs ältester Leuchtturm (1682), den seit 1854 der benachbarte **Phare des Baleines** ersetzt (▶ S. 29). Auch **Les Portes-en-Ré** ist ein Promi-Dorf in diskreter Land's-End-Lage: Sommers wird in den herausgeputzten Gassen und Bistros nach Schicken und Schönen gefahndet. In der Nebensaison ist es eher still. Noch stiller ist es jedoch in **Loix**: Das winzige Dorf hinter den Salinen ist fast eine Insel für sich.

### ⌂ Kutterblick
**Hôtel de la Jetée**
Am Hafendamm von St-Martin-de-Ré, mit Blick aufs Wasser. Nette Zimmer, mal eierschalenfarben, mal rot, mal blau. Der Patio ist schick mit Teakmöbeln und Palme.

In St-Martin-de-Ré, 23, quai Georges-Clémenceau, T 05 46 09 36 36, www.hotel-lajetee. com | €€–€€€

### ⌂ Still & stilvoll
**Hôtel Hippocampe**
Abseits vom Trubel, im alten Dorf La Flotte, dazu vom Portal bis unters Dach im neo-maritimen, lichten Styling der Île de Ré. Macht ein Wohlfühlhotel mit einfachen, gemütlichen Zimmern.

In La Flotte, 16, rue du Château-des-Mauléons, T 05 46 09 60 68, www.hotel-hippocampe. com | €€

### ⌂ Wie ein Guesthouse
**Le Sénéchal**
Zauberhaftes Herrenhaus in Dorflage von Ars-en-Ré. Zimmer mit Designnote. Ungezwungene Guesthouse-Atmosphäre, Patio mit Pool und Frühstücksterrasse.

6, rue Gambetta, T 05 46 29 40 42, www.hotel-le-senechal.com | €€–€€€

### ⏦ Happy few
**Chai nous comme Chai vous**
Nur 20 Gedecke gibt es hier, intimer geht es wohl kaum. Aber jeder will hier in La Flotte essen. Aus der Küche: Sardinen in dreierlei Art, Seeteufelspieß mit Kokosmilch.

In La Flotte, 1, rue de la Garde, T 05 46 09 49 85, www.chainouscommechaivous.fr, mittags geschl. | €€€

### Einfach gut!
**L'Aîle de Ré**

Ehemalige Fischerhütte in Le Bois-Plage-en-Ré mit toller, frischer Fischküche und Muscheln vom Holzfeuer zu demokratischen Preisen. Netter Service. Freitags ist Gambas-Tag!

In Le Bois-Plage-en-Ré, Raise Flottaise, Le Morinand, T 05 46 09 29 87, Mo/Di geschl. | € (Formule)–€€

### Märkte
**La Flotte:** tgl. unter der mittelalterlichen Halle. Teuer, aber besser als jeder Feinkostladen.
**St-Martin-de-Ré:** tgl., im Winter Mo und Mi geschl. Tolle Ware in der Markthalle.

### Salz
**Les Sauniers de l'Ile de Ré**

Der Verkaufsstand der Salzbauern lohnt den Besuch unbedingt.

In Ars-en-Ré, 7, route de la Prée, www.sel-de-mer.com

### Konfitüren
**Le Jardin de Lydie**

Konfitüren – mehr als 50 Sorten, Früchte aus dem eigenen Garten!

In Le Bois-Plage-en-Ré, 23, rue de l'Église, www.lejardindelydie.com

### Schmökern & schmecken
**Grand Largue**

Die Kombination aus Salon de Thé und Librairie überzeugt. Es gibt Bücher, Magazine, Postkarten etc., dazu ein paar Tische, Drinks und einen Happen zu essen.

In St-Martin-de-Ré, 4, rue Sully, www.librairie grandlargue.com, Di–Sa 10–19, So 14–19 Uhr

### An der Kaimauer
**Aux Frères de la Côte**

Die fidele Fischerbude in Ars-en-Ré ist der Platz für einen entspannten Sundowner, vorzugsweise mit einer *assiette de crevettes roses.* Und vielleicht lümmelt gerade ein Filmstar oder Rocksänger an der Bar rum …

99, route de la Grange, T 05 46 29 04 54, www. restaurant-ile-re.fr

### Beachen und Baden

Endlose Strände von La Couarde bis Ste-Marie-en-Ré, die ›**Goldküste**‹ der Île de Ré. Nacktbadestrand **Plage des Folies** in Le Bois-Plage-en-Ré. Die **Plage de la Conche** an der Westspitze ist ein Spot für Kitesurfer. Stand-up-Paddel-Verleih, Surfschule, Segelschule an der **Plage des Gollandières** in Le Bois-Plage-en-Ré.

### Radfahren

Die Insel ist ein Radfahrerparadies! **Verleiher** (Fun Cycles, Rhéa Vélos, Tout à vélo) gibt es in jedem Ort – die Île de Ré ist von einem Netz an (thematischen) Radwegen überzogen.

### Infos und Termine
**Office de tourisme »Destination Ile de Ré«:** Lokale Infobüros in allen Orten der Insel. Ganzjährig und tgl. besetzte Hotline T 05 46 09 00 55, www.iledere.com
**Soirées Jazz en Ré:** 4 Tage Jazzkonzerte in den Straßen von St-Martin-de-Ré, Ende Aug., www.jazzenre.com
**Fête de la Mer:** Fest zu Ehren der See in St-Martin-de-Ré. Ausfahrten mit Fischerbooten und großes Feuerwerk, 15. Aug.

# Fouras  D 3

**Beim hübschen Belle-Époque-Badeörtchen staksen Holzhütten auf hohen Pfählen im Blau des Atlantiks. Von ihren Hochsitzen lassen die Fischer viereckige Netze fallen. Den Rest besorgt das Meer. In den Netzen zappeln im Nu Krabben, Aale, Schollen – der Fischreichtum der Charente-Maritime ist legendär. Die ›Allée ostréicole‹, die Austernallee im Nordwesten des Orts, gilt zudem als größte Austernzüchtersiedlung Frankreichs.**

### Zwei Forts, ein wehrhafter Gedanke
Das **Fort Vauban** stammt im Kern schon aus dem 15. Jh. Umgebaut hat das gewaltige Bollwerk jedoch Vauban, der berühmte Festungsbauer seiner Majestät des Sonnenkönigs.

# # 3

# Ein Stern von einer Festung – **St-Martin-de-Ré**

»In einem unruhigen Land, wo Engländer und Holländer, und damit Menschen eines Glaubens, der dem unseren widerspricht, großen Zutritt haben, ist es nötig, dass immer einige Festungen bestehen« notierte 1685 der Festungsbauer Vauban. Und baute St-Martin-de-Ré auf der La Rochelle vorgelagerten Île de Ré zur schönsten Festungsstadt Frankreichs aus.

**Ü**
**ÜBRIGENS**

Die strategische Lage spielt auch im Westen der Île de Ré eine Rolle: Dort diente die **Tour des Baleines** `7` (1669–1682) dazu, die Zufahrt zum Hafen zu überwachen. 1854 wurde noch ein zweiter, höherer Leuchtturm, der **Phare des Baleines** `8`, in Betrieb genommen.

Aus der Luft betrachtet, bilden die Festungsmauern von St-Martin-de-Ré einen Halbstern, der sich nach Norden an die Küste schmiegt. Einen tollen Blick über die 14 km langen Festungsmauern bekommt man vom Turm der Wehrkirche **St-Martin** `1`. Vor dem Aufstieg heißt es allerdings schuften: Es geht 117 Stufen rauf …

## UNESCO-Hochsicherheitsstadt

Warum St-Martin-de-Ré zu dem Dutzend Vauban-Stätten zählt, die von der UNESCO zum Weltkulturerbe erklärt wurden? Im Westen des Inselhauptorts versteht man warum. Dort führen

eine Steinbrücke und ein Tunnelgewölbe auf das prachtvolle Stadttor **Porte des Campani** `2` zu. Zwei elegante Bauten für die Wachmannschaften folgen stadteinwärts. Nach dem identischen Muster ist im Osten von St-Martin-de-Ré die **Porte Toiras** `3` gebaut. Die beiden Stadttore aus dem 17. Jh. bildeten bis ins 20. Jh. die einzigen Zugänge in die Stadt.

*Umgekehrte Welt: Aus der Luft sieht man den Festungsstern auf dem Boden.*

## Hinter Gittern

Die Festungsanlagen werden auf der Nordostseite von einer **Zitadelle** `4` ergänzt. Mit 485 Insassen beherbergt der Bau Frankreichs größtes Hochsicherheitsgefängnis für Langzeithäftlinge. Von außen ist davon nichts zu erkennen. Immerhin ist das Bollwerk vor dem reich mit Steinmetzarbeiten verzierten Barockportal frei zugänglich. Zur Zitadelle gehört auch ein vorgelagerter und von hohen Steinmauern gefasster winziger Hafen.

## Berühren erwünscht!

Über den von Schießscharten und Wachtürmen gesäumten Wehrgang geht es zur **Hafeneinfahrt** `5` – auch diese ist befestigt, versteht sich. Nach ein paar Schritten ist das **Musée Ernest-Cognacq** `6` erreicht. Ein Saal des Inselmuseums wurde Vauban gewidmet. Zentrales Ausstellungsstück ist ein Modell von St-Martin-de-Ré, das man anfassen darf – inklusive aller Stätten, die man zuvor erkundet hat.

▶ **INFOS**

Sie finden Vauban spannend und wüssten gerne mehr über ihn und seine grandiosen Verteidigungsanlagen? Dann gibt's hier mehr Futter: **www.sites-vauban. org.**

---

**INFOS/ÖFFNUNGSZEITEN**

**Eglise St-Martin** `1`: Rue du Palais, Feb.–11. Nov. 10 Uhr–Sonnenuntergang, Juli/Aug bis 23.30 Uhr, 2 €
**Musée Ernest-Cognacq** `6`: 13, av. Victor Bouthillier, www.musee-ernest-cognacq.fr, Sept.–Juni Mi–Fr, Mo 10–12.30, 14–17/18, Sa/So, Fei 14–17/18, Juli/Aug. Mi–Mo 10–19 Uhr, 4 €, unter 18 Jahren gratis
**Phare des Baleines** `8`: April/Mai 10–19, Juni–Sept. 9.30–21, Okt.–März 10.30–17.30 Uhr, www.lepharedes baleines.fr, großer Leuchtturm 4 €, mit altem Turm und Museum 12 €

**GUT GESCHÜTZT SPEISEN ...**

**La Martinière** `1` heißt die beste Eisdiele der Insel. Sorten wie Nektarine-Jasmin, Austern-Kaviar oder Camembert-Kirsche klingen gewagt – und schmecken super (17–19, quai de la Poithevinière, https://la-martiniere.fr, Ostern–Allerheiligen 10.30–22/23 Uhr). Wenn es etwas mehr sein darf: **L'Avant-Port** `2` ist ein schickes Fischbistro, auf dessen Terrasse man gegrillten Steinbutt oder Meeresfrüchterisotto verputzt – und das inklusive Hafenblick (8, quai Daniel-Rivaille, T 05 46 68 06 68, www.lavantport.com, außer Juli/Aug. abends Mo/Di, Sept.–Juni auch So abends geschl., €€–€€€).

---

**Faltplan:** C 2 | **Länge:** 1/2 Tag zu Fuß

Im Museum wird der Werdegang von Fouras vom Fischerdorf zur Sommerfrische der Belle Époque gezeigt. 122 Stufen führen hoch zur Aussichtsterrasse mit tollem Ausblick über die Inseln der Charente-Maritime und die Küste (freier Zugang zum Fort, tgl. 9–18 Uhr, Museum Juni–Sept. Di–So 10–12, 15–18.30, 4 € inkl. Aussichtsterrasse). Wie das Fort Vauban diente auch das **Fort Enet** (Öffnungszeiten gezeitenabhängig) dem Schutz der Küste vor Überfällen von der Seeseite. Bei Ebbe führt eine Furt von der Pointe de la Fumée zum Fort Enet (2 Std. hin und zurück). Durch seine Lage ließ sich vom Fort der Zugang zur Charente-Mündung überwachen.

### 🛏 Klasse Ausstattung
**Camping Le Cadoret**
Großzügiges Gelände, Pool, Minigolf, einige Plätze zum Meer. Segel und Kajak in der Nähe. Sehr netter Empfang.
Bd. de Chaternay, T 05 46 82 19 19, www.campings-fouras.com, auch Mobile Homes | €

### 🛏 Charme der Sommerfrische
**Grand Hôtel des Bains**
Durch das Haus weht der gute alte Geist der Sommerfrische, aber die Renovierung zeugt von jungem Schwung. Leider geht nur Zimmer Nr. 1 aufs Meer.

15, rue Général Bruncher, T 05 46 84 03 44, http://grand-hotel-des-bains.fouras.hotels-fr.net | €€–€€€

### 🍴 Fruits de Mer, was willst Du mehr?
**La Fumée**
Maritimes Dekor und Meeresfrüchte zum einen, den Blick auf Fort Boyard in den Wellen des Atlantiks zum anderen.
Pte. de la Fumée, T 05 46 84 60 38, außer Mitte Juli–Mitte Aug. Mo geschl. | €€–€€€ (Formule €)

### 🌊 Beachen und Baden
Familiärer Strand direkt am Ort, weitere in Fußnähe.

### ℹ Infos
**Office de Tourisme:** Av. du Bois-Vert, T 05 46 84 60 69, www.rochefort-ocean.com

················································
### IN DER UMGEBUNG
················································

### Kaiserliches ›Exilchen‹
Die nur 3 x 0,5 km große **Île d'Aix** war 1815 die letzte Zuflucht für Napoleon, bevor der Ex-Kaiser ins Exil nach Sankt Helena verschifft wurde. Das Musée Napoléon erinnert an die Geschichte (April–Sept. 9.30–12, 14–18, sonst tgl. außer Di 9.30–12.30, 14–17 Uhr, 4,50 €). Ein

*Die Festung Fort Liedot auf der Île d'Aix: Hier wandelt man durch französische Geschichte oder – wie in diesem Fall – hüpft …*

7 km langer Küstenweg umrundet die Insel (Fähre ab Pte. de la Fumée, tgl., www.service-maritime-ile-daix.com).

### Schatzinsel
Das **Fort Boyard** wurde 1804 auf eine Sandbank westlich von Fouras gesetzt. Der ovale Bau war mehrmals Filmdrehort und dient als Austragungsort einer gleichnamigen TV-Gameshow mit gewaltigen Einschaltquoten (Schiffstouren ohne anzulegen mit Croisières Fourasines oder Croisières Alizé ab Pte. de la Fumée, Reservierung übers Office de Tourisme).

# Rochefort 🗺 D 3

**Zugegeben: Das Anhängsel ›sur-Mer‹, mit dem sich die im 17. Jh. auf königlichen Befehl kurz vor der Charente-Mündung gegründete Stadt schmückt, ist eine Mogelpackung. Denn Rochefort (24 000 Einw.) liegt nicht am Meer, sondern ein paar Kilometer landeinwärts am rechten Ufer der Charente. Die Stadt diente über Jahrhunderte ausschließlich militärischen Zwecken. ›Fini.‹ Seit dem Abzug der Marine 2002 setzt das barocke Schmuckstück auf sein reiches architektonisches Erbe. Das Meer? Kann warten.**

### Gedächtnis der französischen Marine
Die 374 m lange, 1666 am Ufer der Charente als Seilerei für die königliche Marine gegründete La Corderie Royale beherbergt im Südflügel das **Centre international de la Mer.** Im der Seefahrt gewidmeten Ausstellungszentrum wird ein Film zur Geschichte des Arsenals von Rochefort gezeigt. Dioramen und Wechselausstellungen entführen in die Zeit, als hier bis zu 200 m lange Schiffsseile gefertigt wurden (Jardin de la Marine, www.corderie-royale.com, April–Sept. tgl. 10–19, Okt.–Anfang Jan., Feb./März 10–12.30, 14–18 Uhr, 10 €). Einen Steinwurf weiter residiert das **Musée National de la Marine** im barocken Palais Hôtel de Cheusses, einst Sitz des

**B BLUMEN**

**Michel Begon,** Weltreisender aus Rochefort, brachte nicht nur den Tulpenbaum und die Magnolie aus Virginia mit nach Frankreich. Eine Blume, die er im Gepäck hatte, wurde sogar nach ihm benannt: die **Begonie.** Mehr dazu im Conservatoire de la Bégonia, einem Gewächshaus mit der bedeutendsten Begoniensammlung des Landes (La Prée horticole, 1, rue Charles-Plumier, www.begonia-rochefort.fr, Juli/Aug. Di, Do 9.30–12, ansonsten Führungen Mai–Sept. Di–Fr 14.30, 15.30, 16.30, Sa 15.30, 16.30, Feb.–April, Okt./Nov. Di–Fr 15.30, 16.30 Uhr, 5 €).

Marine-Befehlshabers. Im inhaltlich passenden Rahmen wird die Geschichte der französischen Marine anhand von Schiffsmodellen, Galionsfiguren und Flaggen erzählt (1, pl. de la Galissonnière, www.musee-marine.fr, April–Sept. tgl. 10–19, sonst Mi–Mo 13.30–18.30 Uhr, Anfang Jan.–Anfang Feb. geschl., 6 €).

### Quadratisch ist das Herz …
Die Place Colbert ist das quadratische Herz der im Schachbrettmuster angelegten Stadt. Rathaus, Barockbrunnen und Rokokopalais möblieren das noble Geviert. Im Sommer sorgen die Caféterrassen am Platz für Trubel.

### Wandel zum Handel
Dass Rochefort sich im Laufe von 300 Jahren zum umtriebigen Handelsplatz gemausert hat, zeigt das **Musée des Commerces d'autrefois.** Die privaten Betreiber Christine und Jean-François haben Läden, Lokale und Werkstätten aus der Zeit zwischen 1900 und 1945 gerettet und stellen die alten Interieurs in einer alten Lagerhalle aus (12, rue Lesson, www.museedescommerces.com, Juli/Aug. tgl. 10–20 Uhr, sonst 10–12, 14–18/19 außer So vormittags, 6,90 €).

### ⌂ In the Navy
**La Corderie Royale**

Klare, komfortable Zimmer im barocken Bau der königlichen Artillerie. Restaurant zur Charente.

Rue Audebert, T 05 46 99 35 35, www.roche fort-ocean.com/de/planen/unterkuenfte/hotels/hotel-mercure-rochefort-la-corderie-royale-110934, Restaurant Sa mittags, So abends, Nov.–März auch Mo geschl. | Hotel/Restaurant €€–€€€

### ⌂ Smoothies zum Frühstück
**Roca Fortis**

Zwei Bauten aus dem 18. Jh. mit gemeinsamem Innenhof und freundlichen Zimmern. Der Patron bereitet zum Frühstück tolle Smoothies vor.

14, rue de la République, T 05 46 99 26 32, www.hotelrocafortis.fr | €€–€€€

### Mittags-Glück
**La Villette Bar Brasserie**

Preis und Leistung stimmen, die Küche ist eine ohne Chichi, der Service nett. Das Glück ist in dieser Brasserie perfekt.

15, av. Charles-de-Gaulle, T 05 46 99 05 72, tgl. außer So nur mittags geöffnet | €

### Kalorienschwer
**Le Palais du Chocolat**

Hauchzarte Macarons, edle Schokolade, rumgetränkte Kuchen.

25, av. Charles de Gaulle, So/Mo morgens geschl.

### ⓘ Infos
**Office de Tourisme:** Av. Sadi-Carnot, T 05 46 99 08 60, www.rochefort-ocean.com. Attraktiver Citypass, da auch in Fouras, auf der Île d'Aix etc. gültig.

## IN DER UMGEBUNG

### Verlandete Landpommeranze
**Brouage** (www.brouage-tourisme.fr) war bis 1670 ein florierender Salzhafen. Heute liegt das Festungsstädtchen 3 km vom Meer entfernt und scheint auf Salzwiesen zu schwimmen. Das Goldene Zeitalter endete mit dem Versanden des Golfs. Geblieben sind die Festungsmauern (begehbar, bei gutem Wetter Sicht bis zu 20 km) und ein gewaltiger Getreidespeicher,

der als Museum zur Festungsarchitektur dient (Halle aux vivres, Juli/Aug. 10–19, sonst 10.30–18 Uhr, 3 €).

# Île d'Oléron ▢ C 3/4

**Unwirklich thront das Fort Louvois bei Bourcefranc-Le Chapus im Wasser, zu dem bei Ebbe eine Furt führt. Auf die Île d'Oléron geht es hingegen über eine Brücke, die sich neben dem Vauban'schen Fort über die Meeresenge zwischen Bourcefranc-Le Chapus und der 34 km langen und 12 km breiten Insel schwingt. Zwar hat der Tourismus in ökonomischer Hinsicht Austernzucht, Gemüseanbau und Salzgewinnung überholt, doch die Insel (22 200 Einw.) bleibt weiterhin bodenständig, wenn auch von Dorf zu Dorf in unterschiedlichem Maß.**

### Blick über den Dünenkamm
**St-Trojan-les-Bains** ist ein von Mimosen und 2000 ha Seekiefernwald umgebener, etwas gesichtsloser Badeort. Am überzeugendsten ist die 15 km lange **Grande Plage.** Aber Austernbänke und Saline lohnen durchaus den Blick über den Dünenkamm. **Le Château d'Oléron** wurde von Vauban im 17. Jh. wehrhaft gemacht. Die weite Place d'Armes des Festungsstädtchens ziert ein Renaissancebrunnen. In der Saison sind die **Cabanes des Créateurs,** bunte, den Unterkünften der Austernzüchter nachempfundene Holzhütten, in denen Kunsthandwerker ausstellen, eine Attraktion (April–Dez. www.couleurs-cabanes.fr).

### Hier brummt's
**St-Pierre d'Oléron,** der Inselhauptort, überrascht mit netten Plätzen, Boutiquen in den Gassen und dem Musée de l'Île d'Oléron (www.musee-ile-oleron.fr, April–Juni, Sept.–Okt. 10–12, 14–18, Juli/Aug. 10–19, sonst Di–So 14–18, 4,50 €). Das unterhaltsame Museum in einem Bau aus dem 17. Jh. widmet sich der Inselgeschichte. **La Cotinière** ist der wichtigste Hafen der Charente-Maritime, mit 100

*Kreative Köpfe auf der Île d'Oleron: Die Künstlerin Maija-Liisa lebt in einer der ehemaligen Austernfischerhütten, die heute vielen Künstlern als Ateliers dienen.*

Schiffen und Fischversteigerungshalle *(Criée)* – viel Atmosphäre, viel Andrang, im Sommer steppt hier der Bär. **Boyardville** ist fest in Händen von Seglern und Jachtbesitzern. Vom Strand schaut man übers Wasser auf das ovale Fort Boyard (1804) – nicht zu besichtigen, aber bei einer Bootstour zu umrunden (Croisières Inter-Îles ab Jachthafen, www.inter-iles.com)! **St-Denis d'Oléron** gilt als touristischer Hotspot der Insel. Im Sommer ist das Office de Tourisme bis Mitternacht geöffnet und in den Gassen um die romanische Kirche brummt's. Zur Attraktion tragen tolle Strände und der nahe **Phare de Chassiron** bei. Zum **Leuchtturm** an der Nordspitze der Insel gehört ein Museum (www.chassiron.jimdo.com, April–Juni, Sept. 10–12.15, 14–19, Juli/Aug. 10–20, sonst 10–12.15, 14–17 Uhr, Museum und Leuchtturm 5 €).

### 🏠 Back to the roots
**Camping Huttopia Oléron Les Pins**
Keine Mobile Homes, dafür großzügig verteilte Zelte aus Tuch und mit Holz in St-Trojan. Ringsherum nichts als Seekiefern und angenehm viel Schatten. Knapp 2 km außerhalb, im Wald an der Südspitze der Insel.
In St-Trojan-les-Bains, 11, av. des Bris, T 05 46 76 02 39, https://europe.huttopia.com/de/site/camping-oleron-les-pins/, auch Vermietung von voll ausgestatteten Zelten | €–€€

### 🏠 Maritim-Design
**L'Albatros**
Netter Empfang, tolle Lage am Wasser, Zimmer im coolen, maritimen Design. Restaurant mit Meerpanorama.
In St-Trojan-les-Bains, 11, bd. Dr Pineau, T 05 46 76 00 08, www.albatros-hotel-oleron.com | Zimmer/Restaurant €€

### 🏠 À la plage!
**Hôtel de la Plage**
Hübscher, inseltypischer Bau mit Garten und ganz nah am Strand. Einfache, ordentliche Zimmer zu günstigen Preisen.
In La Cotinière, 51, bd. du Capitaine Leclerc, T 05 46 47 28 79, www.hoteldelaplage-oleron.fr | €–€€

### 🍴 Modern & kreativ
**L'Ecume**
Der vielleicht beste Tisch der Insel! Chef de cuisine Romaric Villeneuve verfeinert seine Gerichte mit asiatischen Gewürzen. Tolle Desserts.
In St-Trojan-les-Bains, 2, rue de la République, T 05 46 75 34 66, Sa mittags, So abends u. Mo geschl. | €€–€€€

### 🍴 Alleinstellungsmerkmal Strand
**Café de la Plage**
Das einzige echte Strandrestaurant der Insel findet sich in Boyardville! Mit Tischen, die im Sand stehen, und frischer Fischküche. Umwerfender Blick aufs Meer …

# # 4

# Harte Schale, weicher Kern – **die Austern von Marennes**

**Das 6000 ha große Bassin de Marennes ist das bedeutendste Austernzuchtgebiet der Welt. Zwischen 40 000 und 50 000 t dieser Schalentiere werden jährlich verkauft, das ist die Hälfte der französischen Gesamtproduktion. Begeben wir uns auf Stippvisite bei den Austernzüchtern.**

▶ **INFOS**

Viel Wissen über die Auster erhält man unter:
**www.huitresmarennes oleron.info.**

Gut 700 teilen sich das Gebiet. Einer von ihnen heißt Freddy Videau. In seiner Halle am Hafen von **St-Trojan-les-Bains** `1` erklärt er Besuchern, was die Marennes-Auster auszeichnet: »Wenn die Auster nach ungefähr drei Jahren ihre richtige Größe erreicht hat, kommt sie zur *affinage* für mindestens einen Monat in eines der vielen tausend Wasserbecken längs der Seudre-Mündung.«

## Kinderstube der Austern

*Claires* heißen die Becken, in denen sich Süß- und Salzwasser mischen. Dort reift die Auster und nimmt dank einer Alge eine grünliche Farbe an. Doch Marennes-Auster ist nicht gleich Marennes-Auster. *Fine de claire* bedeutet mindestens einen Monat im Becken bei maximal drei Kilo Austern pro Quadratmeter, *spéciale de claire* mindestens drei Monate bei maximal zehn Austern pro Quadratmeter, *pousse en claire* vier bis acht Monate bei maximal fünf Austern pro Quadratmeter. Der Geschmack? »Nussig und salzig zugleich«, weiß Freddy.

## Schöner wohnen an Frankreichs kleinstem Fluss

Von der Brücke über die Seudre-Mündung (D728 E) fällt der Blick auf ein Mosaik spiegelnder Wasserflächen. Nur selten verirren sich Urlauber in das Gebiet der *claires*. Schade eigentlich, denn das Austernzüchterdorf **Mornac-sur-Seudre** `2` lohnt mit mittelalterlicher Markthalle und romanischer Wehrkirche jeden Umweg. Hinzu kommen ein paar krumme Gassen sowie ein Wanderweg am Deich – macht eines der ›schönsten Dörfer Frankreichs‹.

*Auf sie kommt es an! Zwei von 700: Austernzüchter bei der Arbeit im Bassin de Marennes.*

## Kleines Austern-Einmaleins

Südlich von **Marennes** 3 reihen sich die bunt gestrichenen *cabanes* der Austernzüchter am Ufer der schnurgeraden Cayenne. Eine der Hütten gehört Jacques Baron und Dominique Richiero, die unter dem Namen ›Le Marais de l'Isle‹ Besucher in ihr Handwerk einführen. Am Steg ist der flache Kahn festgemacht, mit dem die beiden die Schalentiere aus dem Austernpark holen, um sie in die *claires* hinter der Hütte zu setzen. In der Hütte sortieren die beiden die Austern.

Die verschiedenen Arbeitsschritte werden in der **Cité de l'Huître** 4 am gegenüberliegenden Ufer der Cayenne anschaulich erklärt. In den *cabanes,* die den Hütten der Austernzüchter nachempfunden sind, führen Filme in die Geschichte, die Besonderheit der Marennes-Auster und ihre Zucht ein.

**N**
**NOCH WAS**

Darf es noch etwas mehr Austern-Wissen sein? Spaß macht es, im Boot durch die Austernbänke zu schippern (ab Hafen La Cayenne mit der ›Ville de Marennes‹, tgl., T 05 46 85 20 85). Auf die eigenen Füße verlassen muss sich, wer den 3,8 km langen Wanderweg durch die *claires* in der **Cité de l'Huitre** 4 absolviert. Und dann heißt es endlich: Ran an den Speck, äh … an die Auster.

---

INFOS/ÖFFNUNGSZEITEN

**La Cité de l'Huître** 4: Marennes, Voie de la Cayenne, www.cite-huitre.com, April–Juni, Sept. Mi–So 10.30–19, Juli/Aug. tgl. 10.30–19, Okt. Sa/So 10.30–19 Uhr, 9 €

---

BESUCH BEIM AUSTERNZÜCHTER

**Huîtres Videau:** Chemin de l'Abreuvoir, St-Trojan-les-Bains 1, T 05 46 76 03 85, Mo–Fr 8–12, 14–18, Juli/Aug. tgl. 8–19 Uhr
**Le Marais de l'Isle:** Marennes 3, Ave. Dulin, T 05 46 85 61 32, Juni–Sept.

---

AUSTERN, AUSTERN UND AUSTERN

Tolle Terrasse, geölter Service und ein Hauch Lounge gefallen mir im **Le Buccin** 1. Gratinierte Austern, Meeresfrüchte und Fisch auch (Marennes, Port de la Cayenne, T 05 46 36 33 47, https://buccin.fr, Jan.–2. Febr.-Woche geschl., €€–€€€). Die Alternative lautet **Le Bar à Huître de Billeau** 2, eine Austernbar mit ein paar Stühlen, die Züchter Fabrice

Billeau ans Ufer der Seudre gestellt hat (Marennes, Port de la Cayenne, T 05 46 85 34 61, Mai–Mitte Sept. 10–21 Uhr, €–€€).

---

SPORT UND AKTIVITÄTEN

**Les Chemins de la Seudre** 1 ist ein 132 km langer Radweg rund um das Marennes-Bassin – größtenteils autofrei!

---

In Boyardville, Plage de Boyardville, T 05 46 47 24 45, März–Okt. etwas unregelmäßig, Juni–Sept. tgl. | €–€€

### 🍺 Trendy
**Le Relais des Salines**
Ehemalige Austernzüchterhütte in Le Grand Village-Plage, heute ein hippes Bistro. Auf der Karte: Fisch und Austern.
In Le Grand Village-Plage, Port des Salines, T 05 46 75 82 42, Mo geschl. | €–€€

### 🛍 Kunsthandwerk
**Les Cabanes des Créateurs**
In mehreren Orten, vor allem in Le Château d'Oléron.

### 🛍 Inselwein
**Tardet-Pradère**
Weine des Vignoble d'Oléron (weiß) in St-Pierre d'Oléron.
In St-Pierre d'Oléron, 57, Les Châteliers, T 05 46 47 03 12

### 🌊 Beachen und Baden
**Sandstrände** auf der Nordostflanke von St-Denis d'Oléron bis Boyardville, auf der Südwestflanke von Les Huttes bis St-Trojan-les-Bains. **Nacktbadestrände** Plage des Saumonards bei Boyardville und Plage de Vert Bois bei Le Grand Village.

### 🌊 Tauchen
**Oléron Plongée**
Materialverleih und Kurse.
In St-Georges d'Oléron, T 06 87 07 20 73, www.oleronplongee.com

### 🌊 Wassersport vom Feinsten
**Diabolo Fun**
Surfen, Segeln, Stand-Up-Paddeln …
In St-Denis d'Oléron, Plage des Huttes, T 05 46 47 98 97, www.diabolofun.com; weitere Standorte, dort auch Surfen, Bodysurf, Strandsegeln, Kajak und vieles mehr

### ℹ Infos
**Maison du Tourisme Île d'Oléron et du Bassin de Marennes:** 22, rue Dubois Meynardie, 17320 Marennes, T 05 46 85 65 23, www.oleroninsel.de

*Blau, blauer, der französische Atlantik!*

# Royan 📍 D 5

**1945 wurde das mondäne Belle-Époque-Bad bei der Befreiung von den deutschen Besatzern durch die Alliierten fast völlig zerbombt. Aber: Royan (18 400 Einw.) ist dennoch eine der schönsten Überraschungen an der Atlantikküste. Die Rede ist nicht vom herrlichen Strand, sondern von der schwungvollen Wiederaufbauarchitektur.**

### Fifties forever
Auf fast 600 m schmiegt sich am **Front de Mer** (Uferfront) ein weißer Appartementriegel mit Arkaden und kirschroten Loggias an die begrünte Strandpromenade. Zum 50er-Jahre-Ensemble gehören Pavillons mit in Wellen geformtem Betondach.

### Beton brutal
**Notre-Dame** an der Place Notre-Dame ist für die einen ein futuristischer Stahlbetonbau (1955–1958) mit markantem Turm. Für die anderen ist der Kirchenbau schlicht eine Betonmonstrosität. Gefälliger wirkt der **Marché Central.**

Die Markthalle (1955–1956) in der Rue H. Mériot punktet mit einer gewellten Betonkuppel, die seit 2002 unter Denkmalschutz steht. Das Angebot der Stände ist grandios – der Markt gilt als der größte der gesamten Region (Mitte Juni–Anfang Sept. tgl., sonst Mo geschl.).

### Wiederaufbau im Museum
Mehr über den Wiederaufbau, aber auch über die Geschichte der Stadt erfährt man im **Musée de Royan.** Das Städtische Museum zeigt in der 1950er-Jahre-Markthalle im Stadtteil Pontaillac Plakate, Schilder, Alltagsgegenstände aus der unzerstörten Stadt und Modelle, Pläne und Fotos zum Wiederaufbau (31, av. de Paris, tgl. außer Di Mitte Juni–Mitte Sept. 9.30–12.30, 14.30–18.30, Okt.–Mai 14–18 Uhr, 5,20 €).

### Strandzauber mit Belle Époque
Im **Quartier du Parc,** dem Viertel hinter dem (Strand-)Boulevard Frédéric Garnier haben die Bomben kaum gewütet. Das weitgehend unzerstörte Villenviertel wirkt mit Jugendstilfassaden, Türmchen, Erkern und Pagodendächern wie ein heiterer Traum aus der Zeit um 1900.

### 🛏 Fifties mit Meerblick
**Hôtel Trident-Thyrsé**
Von Belle-Époque-Villen flankierter 1950er-Jahre-Bau über dem Strandboulevard. Licht, cool und mit Meerblick.
66, bd. Frédéric Garnier, T 05 46 05 12 83, www.letridentthyrse.fr | €–€€

### 🍴 Frisch aus dem Netz
**Les Filets Bleus**
Maritimes Ambiente, fangfrischer Fisch – macht den besten Tisch von Royan.
14, rue Notre-Dame, T 05 46 05 74 00, So/Mo geschl. | € (mittags), sonst €€–€€€

### 🍴 Vue sur la plage
**L'Arrosoir**
Das Strandrestaurant im Villenvorort St-Palais wäre allein wegen des Blicks auf den Nauzan-Strand den Besuch wert. Der

junge Chef ist zudem ein Vorreiter einer modernen Regionalküche. Super!
75, av. de Pontaillac, T 05 46 02 12 41, So abends, Di mittags u. Mo geschl. | Formule €, sonst €€–€€€

### 🏛 Höhlengaudi
**La Maison Blanche**
Wirkt mit seinem Labyrinth höhlenartiger Räume und Mosaikwänden wie vom Katalanen Gaudí entworfen und ist der Partyplatz schlechthin. Mit Pool!
Plage de Nauzan, Vaux-sur-Mer (2 km von Royan), www.maisb.fr, Mitte März–Mitte Sept. tgl.

### 🏖 Beachen und Baden
Von Felsen gerahmte **Sandbuchten** in Richtung St-Palais: Conche de Foncillon, Conche du Chay, Conche du Pigeonnier, Conche de Pontaillac (angesagt). Endloser Sandstrand La Grande Conche in Richtung St-Georges-de-Didonne.

### 🌊 Wassersport
**Station Nautique du Pays Royannais**
Wassersportzentrum mit auf acht Standorten verteiltem Angebot – Stand-Up-Paddeln, Katamaran- und Bötchenfahren, Kitesurfen, Strandsegeln und mehr.
10, rue de la Tartane, T 05 46 08 21 00, www.nautisme-royan-atlantique.fr

### ℹ Infos und Termine
**Office de Tourisme:** 1, bd. Grandière, T 05 46 05 04 71, www.royanatlantique.fr

# Zu Besuch bei den Engeln – **Saintes und die Saintonge**

**# 5**

**Im Mittelalter erlebte das in der Antike gegründete Saintes eine zweite Blüte. In der Stadt an der Charente und im Umland, der Saintonge, entstanden zahlreiche romanische Kirchen von außergewöhnlicher architektonischer Qualität. Machen Sie eine Landpartie durch die zauberhafte Provinz – Kirchen inklusive.**

Der spitze gotische Turm von **St-Eutrope** 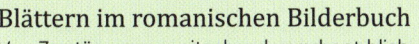 überragt das Viertel um das antike Amphitheater von **Saintes**. In der höhlenartigen Krypta unter der Kirche sind die Gebeine eines Bischofs aus dem 2. Jh. n. Chr. verwahrt (Zugang außen an der Nordseite). Die 1096 von Papst Urban II. geweihte Oberkirche ist ein Schlüsselbau der Romanik in der Saintonge. Schade nur, dass im 19. Jh. das Westwerk mit den Zwillingstürmen abgerissen wurde.

## Blättern im romanischen Bilderbuch

Von Zerstörungen weitgehend verschont blieb die **Abbaye aux Dames** **2**, 1047 als erstes Frauenkloster der Saintonge im Osten der Stadt gegründet. Typisch für die Saintonge ist die zylinderförmige, mit Steinen im Fischschuppenmuster gedeckte Spitze des Vierungsturms, dessen oberste Etage zwölf von Säulen unterteilte Zwillingsfenster umkränzen. Die beiden Etagen der Westfassade werden von je drei Arkaden unterteilt, auch dies sowie der reiche Bauschmuck sind Merkmale der romanischen Saintonge. Das zentrale Portal ist mit einer Heerschar von Figuren geschmückt, Engel, Märtyrer, Musikanten. Eine Hand, die für Gott steht, segnet aus der ersten Bogenwölbung alle Eintretenden. Auch die Kapitelle der Säulen, die die Arkaden trennen, sind aufwendig mit Rittern und Dämonen verziert.

## Noch mehr mittelalterliche Dämonen

Durch sanft gewellte Getreidefelder und die Reben des Cognac-Gebiets geht es nach **Rétaud** **3**. Die Dorfkirche St-Trojan stammt aus dem 12. Jh. Beson-

*Wer hält denn hier Ausschau nach den Engeln?*

**ÜBRIGENS**

Lust, ins Kloster zu gehen? Nein, nicht für immer … In den ehemaligen Zellen der **Abbaye aux Dames** **2** kann man übernachten. Viel Komfort ist nicht zu erwarten, nur zwei der schlichten Zellen haben ein eigenes Bad (T 05 46 97 48 33, www.abbayeauxdames. org, DZ 52–95 €).

ders der polygonale Chor mit den zwei Arkadenetagen ist reich mit Figuren verziert – Bestien, Fratzen, ein Jäger, dessen Pfeil den Hirsch im nächsten Kapitell trifft … Am Westwerk schauen von einem Fries Köpfe in Originalgröße herunter. Innen beeindruckt der *litre funéraire,* ein auf den Stein gemaltes Bandfresko mit den Wappen verstorbener Adliger.

Von entwaffnender Einfachheit ist die Kirche in **Thaims** 4 (11. Jh.). Auf der Nordseite wurden Reste einer gallo-römischen Villa freigelegt, und im Innern stoßen Sie auf eine römische Fußbodenheizung (Bodenluke links neben dem Eingang). In einer Wandnische im Chor verbergen sich antike Fundstücke: ein Bildnis der gallo-römischen Göttin Epona, ein Kindersarkophag, Marmorbruchstücke.

## Spielwiese für Steinmetze

Mit der Dorfkirche von **Rioux** 5 (um 1160) sind Sie in der Spätphase der Romanik der Saintonge angelangt. Der über und über verzierte Chor wirkt überladen, gewundene Ornamente bringen Bewegung in die Mauern, steinerne Wellen rahmen die Fenster. Das Portal nimmt fast die gesamte Breite des Westwerks ein. Darüber thront in einer Mandorla die Heilige Jungfrau mit dem Christuskind.

**NOCH WAS**

Möchten Sie die Kirchen der alten Kulturlandschaft einmal ganz anders erleben? Das Festival de Saintes macht es möglich! Das hochkarätige Musikfestival mit (Klassik-)Konzerten wird in der zweiten Julihälfte in der **Abbaye aux Dames** 2 und den romanischen Kirchen der Saintonge gefeiert (Infos über die Cité musicale, T 05 46 97 48 48, www.festivaldesaintes.org).

---

**INFOS/ÖFFNUNGSZEITEN**
**Office de Tourisme de Saintes et de la Saintonge:** Saintes, 2, place St-Pierre, T 05 46 74 23 82, www.saintes-tourisme.fr
**Öffnungszeiten der Kirchen:** in der Regel 9–19 Uhr, ansonsten Schlüssel bei der jeweiligen Mairie (Rathaus) erfragen

---

**GAUMEN- UND AUGENSCHMAUS**
**Saveurs de l'Abbaye** 1 heißt der coolste Tisch von Saintes. Puristisches Dekor, moderne Küche – *daurade à la plancha* mit sautiertem Gemüse und eingelegten Zitronenzesten. Dazu einige Zimmer mit Blick auf die Abbaye aux Dames (1, pl. St-Pallais, Saintes, T 05 46 94 17 91, https://saveurs-abbaye.com, So/Mo geschl., Menü Mo–Fr mittags €, sonst €€–€€€, Übernachtung €–€€).

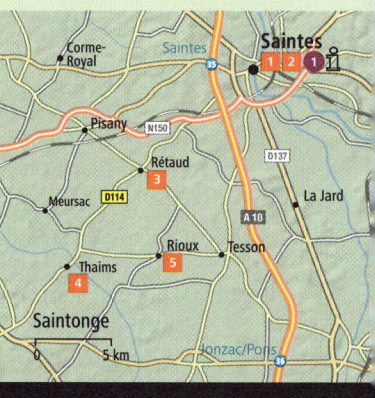

*Weitblick garantiert: ganz hoch droben im Phare de Cordouan.*

## IN DER UMGEBUNG

### Frankreichs ältester Leuchtturm

Der **Phare de Cordouan** (🗺 C 5) 11 km vor Royan (www.phare-de-cor douan.fr) bewacht seit 400 Jahren die Gironde-Mündung. Zwei Schiffsgesellschaften fahren den Leuchtturm ab Royan an (Royan Croisières, www. cordouancroisieres.com, und Croisières la Sirène, www.croisiereslasirene.com; Halbtagesausflug mit Besichtigung des Leuchtturms 46 €).

### In Balkonlage

**Talmont** (🗺 D 5) thront in Balkonlage über der Gironde-Mündung. An der Steilkante trotzt die Dorfkirche Ste-Radegonde, ein Wunderwerk der Saintonge-Romanik (▶ S. 38) mit wuchtigen, wie für die Ewigkeit gebauten Säulen, Wind und Wetter.

### Affenküste

Von Ronce-les-Bains nach St-Palaissur-Mer rahmen die Seekiefern und Steineichen des **Forêt Dominiale de la Coubre** die D25. Das Stück Traumküste verläuft längs der Côte de Beauté, der ›Küste der Schönheit‹. Ab und zu schimmert der Atlantik zwischen den Stämmen durch. Am Strand: gewaltige Dünen und pulverfeiner Sand, so weit das Auge reicht. Ein Abstecher führt zur **Pointe de la Coubre,** die ein Leuchtturm überragt (Besteiggung Feb.–Sept. Mi–Mo 10–12.30, 14–17.30 Uhr, www.pharedelacoubre.

fr, 4 €). Weiter südlich leuchtet ein Schwarm Flamingos aus dem Grün, auf einem Fels machen Schimpansen Faxen: *bienvenue* im **Zoo La Palmyre** (April–Sept. 9–19, sonst bis 18 Uhr, www.zoo-palmyre.fr, 19 €). Mit **St-Palais-sur-Mer** (www.stpalaissurmer.fr) ist eine Art Belle-Époque-Villenvorort von Royan erreicht.

# Saintes 🗺 E 4

**Kaum zu glauben: In der Antike war Saintes (25 300 Einw.) die Hauptstadt der Aquitaine. Heute macht das sommerliche Musikfestival den Ruf der ansonsten etwas verschlafenen Provinzstadt aus. Zudem locken die romanischen Kirchen der Stadt und ihres Umlands zu einer Tour durch die Saintonge (▶ S. 38).**

### Römisches Saintes

Das **Amphitheater,** erbaut unter den Römern im 1. Jh. n. Chr., ist eine der größten antiken Arenen Frankreichs. 15 000 Zuschauer haben im 102 x 126 m großen Oval Platz gefunden. Auch als Ruine bleibt der Bau spektakulär (Rue Lacurie, April– Mai Di–Sa 10 –18, So 14–18.30, Juni–Sept. tgl. 10 –20, Okt.–März tgl. Di–Sa 10–12.30, 13.30–17 Uhr, 4 €, Führungen Juni–Sept. 7 €). Der **Arc de Germanicus** am rechten Ufer der Charente (Esplanade André Malraux, frei zugänglich) markiert den Endpunkt der

Römerstraße nach Lyon. Der Doppelbogen aus den Jahren 18–19 n. Chr. diente zudem als Stadttor. Gleich daneben hütet das **Musée archéologique** (Esplanade André Malraux, April–Sept. Mo–Sa 10–12.30, 13.30–18, Okt.–März Di–Sa 13.30–17 Uhr, 3 €, unter 18 Jahre gratis) im Schlachthaus aus dem 19. Jh. archäologische Funde der gallo-römischen Zeit: Überreste von Tempeln, Gräbern, Geschirr, Spielzeug. Die nonchalante Präsentation lässt an die Schatzkammer eines Privatsammlers denken.

### Romanisches Saintes
Von der **Cathédrale St-Pierre** (Pl. du Synode, 9–19 Uhr) aus dem 12. Jh. blieb nur die Kuppel im südlichen Vierungsarm. Der Rest stammt aus dem 15. bis 17. Jh. Ein Meisterwerk der romanischen Sakralbaukunst der Saintonge ist hingegen die **Kirche St-Eutrope** (▶ S. 38). Die ehemalige **Abbaye aux Dames** auf dem rechten Ufer der Charente ist der zweite romanische Kirchenbau der Stadt (▶ S. 38). Die Abtei beherbergt heute die Cité de la Musique, die das berühmte Festival de Saintes organisiert.

### Für den Überblick
Der **Belvédère du Logis du Gouverneur** hinter dem ehemaligen Krankenhaus (Zugang über Rue Bernard) markiert den höchsten Punkt der Stadt. Vom Pavillon schweift der Blick über die Dächer der Altstadt und das Umland.

### 🏠 Romantische Altstadtlage
**Hôtel des Messageries**
Stille Lage, freundliche Zimmer, cosy.
Rue des Messageries, T 05 46 93 64 99, www.hotel-des-messageries.com | €€

### 🍴 Cool & british
**29**
Der Chef Michael Durkin ist Brite, tätowiert, Rugby-Fan und ein Könner am Herd. Kreative Regionalküche.
9, pl. Blair, T 05 46 96 71 72, www.restaurant29.fr, Di/Mi geschl. | €€–€€€

### 🛒 Märkte
Gute Auswahl an regionalen Produkten.
Di, Fr Place du 11-novembre, Mi, Sa Place St-Pierre, Do, So Avenue Gambetta

### ⛵ Bootstouren
Von Juli bis September legen am Arc de Germanicus Ausflugsschiffe für Touren auf der Charente ab. Man hat die Wahl zwischen der ›Ville de Saintes‹, einem traditionellen Holznachen, dem normalen Flussfahrtschiff ›Bernard Palissy II‹ oder Elektrobötchen zum Selbststeuern (www.saintes-tourisme.fr).

### ℹ️ Infos und Termine
**Office de Tourisme de Saintes et de la Saintonge:** Pl. Bassompierre, T 05 46 74 23 82, www.saintes-tourisme.fr
**Festival de Saintes:** 2. Julihälfte, www.festivaldesaintes.org. Hochkarätiges Musikfestival (größtenteils Klassik) in der Abbaye aux Dames und den romanischen Kirchen der Saintonge.

# Bordeaux und das Bordelais

Die Stadt Bordeaux ist an den Fluss zurückge-
kehrt. Die Umgestaltung der Garonne-Ufer von
verkehrsumtosten Schneisen zu Flaniermeilen mit
futuristischer Architektur, hippen Bars und coolen
Shops hat die Stadt in die Oberliga europäischer
In-Städte katapultiert. Auch die gesamte Altstadt
wurde einer radikalen Verjüngungskur unterzogen.
Seitdem brummt's in den hübschen Gassen, auf schicken Boulevards und
einladenden Plätzen. Apropos einladend. Im Bordelais, Frankreichs vielleicht prestigeträchtigstem Weingebiet, öffnen immer mehr Châteaux
ihre Keller für Besucher. Santé!

# Bordeaux  E 9

Im Ranking französischer Städte liegt Bordeaux ganz weit vorn, ach was, die Stadt belegt für viele Platz 1. Der Grund ist klar. Die größte Stadt am Atlantik (249 700, mit Vororten 773 500 Einw.) hat sich einer Verjüngungskur unterzogen, die das historische Erbe geschickt in Szene setzt. In Stein gehauene Neptunfiguren, Antillenschönheiten, schmiedeeiserne Balkongitter und pompöse Giebel zieren die Uferfront, an der die Reeder der reichen Handelsstadt im 17./18. Jh. ihre Domizile errichteten. Im Schatten der barocken Pracht stehen junge Leute barfuß im seichten Wasser des futuristischen Brunnens Miroir d'Eau. Apropos barfuß: fast die gesamte Altstadt ist verkehrsberuhigt oder autofrei. Der größte Coup aber war die Rückkehr der Stadt an die Ufer der Garonne, die zur wichtigsten Bühne des öffentlichen Lebens wurden (▶ S. 48). Wer es lieber sportlich mag: Am Stadtrand startet eine auf einem ehemaligen Bahndamm angelegte Radpiste ins Entre-Deux-Mers (▶ S. 56). Und

**Ü**
**ÜBRIGENS**

Roller, kommst Du nach Bordeaux, pack die Skates ein! An jedem ersten Sonntag des Monats gehört Bordeaux den **Skatern, Radfahrern, Fußgängern** – von 9 bis 18 Uhr bleiben die Autos draußen. Hunderte sind bei zwei Rollerskate-Wanderungen (4 bzw. 15 km) dabei. Am letzten Freitag des Monats um 20.30 Uhr geht's weiter: Die ›Nuit des Rollers‹ lockt erneut Scharen von Rollerskatern auf den Asphalt (www.airoller.fr).

im Norden lockt das Médoc mit herrschaftlichen Schlössern und großen Weinen (▶ S. 58).

## WAS TUN IN BORDEAUX?

### Sich in der quirligen Altstadt …

Die **Place de la Comédie** ist das prachtvolle Entrée zur quicklebendigen Altstadt. Beherrscht wird der Platz vom klassizistischen, mit Säulen und Statuen verzierten **Grand Théâtre** **1** (1773–80). Bordeaux' geschäftige Einkaufsstraße, die 1,2 km lange, schnurgerade **Rue Ste-Catherine** markiert auf der Südseite des Platzes die Grenze zum **Quartier St-Pierre.** Herz des umtriebigen, größtenteils verkehrsfreien Gassen- und Ausgehviertels ist die heimelige **Place St-Pierre** mit der mittelalterlichen **Kirche St-Pierre** **2**. Barocke Palais, mittelalterlich schiefe Wände, dörfliche Winkel, die Dichte an Bars und Bistros, das bunte Treiben bis tief in die Nacht erinnern an den Pariser Marais. Im Süden trennt der Cours Victor Hugo das Viertel vom benachbarten Quartier St-Michel. Die **Grosse Cloche** **3**, wie die burgartige Porte St-Eloi liebevoll genannt wird, steht genau auf Grenzlinie. Das Stadttor aus dem 13. bis 18. Jh. (Juni–Sept. 13–19, Okt.–Nov. Sa 14–17 Uhr, 5 €) ist Teil der zweiten mittelalterlichen Stadtmauer, die am Cours Victor Hugo verlief. Dahinter ist Bordeaux eine andere Stadt: Das populäre Viertel um die **Basilika St-Michel** **4** (14.–16. Jh.) und den Markt an der **Place Canteloup** ist eine Mischung aus Arme-Leute-Idyll, Szenetreffpunkt und nordafrikanischem Souk.

### … oder im ›Goldenen Dreieck‹ verlieren …

Bordeaux kann auch *très chic*. **Triangle d'Or** **5** heißt das Nobelviertel im Dreieck von **Cours Georges Clemenceau, Cours de l'Intendance** (autofrei) und dem Lindenkorso der **Allée de Tourny:** Edelrestaurants wechseln mit Luxusboutiquen, bourgeoiser Pomp und elegantes Understatement geben den Ton an. In den Stadtpalais ringsherum wohnt der alte Geldadel der Stadt, eine geschlossene Gesellschaft. Weniger vornehm wird es südlich der noblen Meilen rund um das **Rathaus** 6 im spätbarocken Louis-XV-Stil (Führungen Mi 14.30, Fr 10 Uhr, 5 €), das 1771 als Bischofspalast errichtet wurde. Die **Kathedrale St-André** 7 liegt gleich nebenan (Führungen Di–So 14.30–18 Uhr). Eine hypermoderne Bodenbeleuchtung des im Bordeaux des 21. Jh. tonangebenden Architekturbüros King Kong setzt das gotische Gotteshaus und die um ihre Mauern surrende Straßenbahn nachts cool in Szene. Der freistehende spätgotische Turm der Kathedrale, die **Tour Pey Berland** (1440–1446), kann bestiegen werden: der tollste Blick über die Stadt! (Juni–Sept. tgl. 10–18, Okt.–Mai tgl. 10–12.30, 14–17.30 Uhr, 6 €, unter 18 Jahren gratis.)

### … der Charme-Offensive erliegen

Wer jetzt noch nicht in Bordeaux verliebt ist, fällt dem Charme der Stadt spätestens in den **Chartrons** zum Opfer. Im ehemaligen Viertel der Weinhändler wurden Lager- und Handelshäuser zu Lofts, Antiquitätenläden und Wohnungen umgebaut. Es geht weniger quirlig zu als in der Altstadt und weniger zugeknöpft als in den reichen Vierteln. Doch die Gen-

**NOCH WAS**

Museumsrestaurant? Klingt normalerweise nicht sehr sexy, aber das coole **Le 7** (4, esplanade de Pontac, www.le7restaurant.com, Mo u. So abends geschl., €€–€€€) in 7. Stock der **Cité du Vin** 12 bietet nicht nur einen umwerfenden Ausblick, sondern auch eine moderne, flotte Küche inklusive toller Auswahl an Weinen per Glas.

trifizierung hat hübsche Giebelhäuser, die **Markthalle** 8 in der Rue Sicard (Markt Di–Sa 7–13, Do/Fr 16–19 Uhr) und kopfsteinepflasterte Straßenzüge voll erfasst: Hier wohnt, wer jung ist, ganz gut verdient und für das Bio- oder Kobe-Rind keine Fremdwörter sind. Mittendrin: das **Musée du Vin et du Négoce** 9 (41, rue Borie, www.museeduvinbordeaux. com, tgl. 10–18 Uhr, 10 € inkl. Probe) zur Weinhandelsgeschichte von Bordeaux. Ganz im Süden des Viertels ist das **CAPC – Musée d'Art Contemporain** 10 ein weiteres Fanal für den Wandel in den Chartons (7, rue Ferrère, www.capc-bor

*Bordeaux inspiriert! Auf der Place de la Comédie ist immer etwas los. Hier kreuzen sich die Hauptstraßen der Stadt, es gibt viel Gewusel und viel zu sehen.*

## Sehenswert

1. Grand Théâtre
2. Kirche St-Pierre
3. Grosse Cloche
4. Basilika St-Michel
5. Triangle d'Or
6. Rathaus
7. Kathedrale St-André
8. Markthalle
9. Musée du Vin et du Négoce
10. CAPC – Musée d'Art Contemporain
11. Base sous-marine
12. Cité du Vin
13. Cap Sciences
14. Hangar 14
15. Galérie des Chartrons
16. Bourse Maritime
17. Monument aux Girondins
18. Miroir d'Eau
19. Fontaine des Trois Grâces
20. Caserne des Pompiers de la Benauge
21. Löwenskulptur
22. Gare d'Orléans
23. Pôle universitaire de Sciences de Gestion
24. Jardin Botanique
25. Musée des Arts Décoratifs et du Design
26. Musée des Beaux-Arts
27. Galérie des Beaux-Arts
28. Musée d'Aquitaine

## In fremden Betten

1. Hôtel Notre-Dame
2. Mama Shelter
3. Une chambre en ville
4. Seeko'o

## Satt & glücklich

1. C'Yusha
2. Bo-tannique
3. El Nacional
4. Chez Alriq
5. Arcada
6. La Symbiose

## Stöbern & entdecken

1. Cadiot-Badie
2. Pâtisserie Baillardran
3. L'Intendant
4. Bord'eau Village

## Wenn die Nacht beginnt

1. Mama Shelter Bar
2. Bar à Vin
3. Le Grand Bar Castan
4. L'Apollo Bar

## Sport & Aktivitäten

1. Roller Skate Park

# 6

# Aus dem Dornröschen-schlaf erwacht – **Bordeaux' neue Uferfront**

**Über 4 km zieht sich die neue Uferpromenade am Ufer der Garonne hin, vom mittelalterlich verschachtelten Quartier St-Pierre im Süden bis zu den aufgelösten Hangars im Norden, wo Loungemusik über die mit Philippe-Starck-Liegen möblierten Terrassen rieselt. Macht zusammen einen ›urban walk‹ mit viel Verweilqualität.**

Kaum zu glauben, dass längs der Garonne jahrzehntelang schäbige Lagerhäuser und Parkplatzbrachen die Ufer verschandelten und den Blick auf Bordeaux' prachtvolle Schauseite verstellten. Ein Jahrzehnt, in dem Bordeaux sich zur Großbaustelle entwickelte, hat die Stadt komplett verändert. Jahrelanges Leiden hat sich gelohnt: Strahlender denn je zeigt die Stadt ihre Schaufassade zur Garonne.

## Im Norden viel Neues

Mit der Straßenbahnlinie B geht es von der Place des Quinconces zur Haltestelle Bassins à Flots und von dort zu Fuß über den Quai de Bacalan ein Stück zurück stadteinwärts. Ziel ist der Hangar 20, der zum **Cap Sciences** 13 umgebaut wurde. Dahinter verbirgt sich ein Komplex, der mit Ausstellungen und Workshops neue Technologien und Wissenschaften näherbringen will.

Caféterrassen laden am Kai zur Pause ein. Im Shopping- und Outletcenter **Bord'eau Village** 4 in den Hangars 15–19 unterhalten Jeans-, Textil-, Schoko-, Reisegepäck- oder Designmarken spacige Showrooms und Boutiquen. Auf der Rückseite schiebt sich der blütenweiße, vom Architekturbüro King Kong entworfene Kubus des **Hotel Seeko'o** 4 wie ein Eisberg an die sanierten Hangars – ›Eisberg‹ bedeutet der Name auf Inuit.

## Stadt, Wein, Fluss

Auf Höhe des historischen Weinhandelsviertels Chartrons wurde **Hangar 14** 14, der wie alle Hangars am Kai aus den 1930er-Jahren stammt,

**Ü**
ÜBRIGENS

*Guinguettes*, einfache Ausflugslokale unter freiem Himmel, gab es einmal viele an der Garonne. Eines blieb und setzt mit Tapas, Fisch & Frites, Muscheln und Musik auf eine junge Klientel: **Chez Alriq** 4 (Port Bastide, Quai de Queyries, Mai–Okt. Do–So, Juli/Aug. auch Di, Mi, www.laguin guettechezalriq.com).

**N**
NOCH WAS

Hinter der Sanierung der Kais am Garonne-Ufer steht ein Bürgermeister: **Alain Juppé**. Seine erste Amtshandlung nach der Wahl 1995 war die Befreiung der Kais vom Auto. Der Neogaullist setzte sich auch massiv für den Bau der Straßenbahn ein – die verläuft jetzt längs des Flusspanoramas..

zum Ausstellungsbau für moderne Kunst und Events mit vorgehängter Glas- und Plexiglasfassade umgebaut. Es ist so etwas wie das 5400 m² große Kreativlabor der städtischen Off-Kunstszene geworden. Den 2350 m² großen **Roller Skate Park** ❶ nebenan ziert ein monumentales Fresko des Graffiti-Künstlerkollektivs Full Color.

Gegenüber führt am Quai des Chartrons 89 ein Durchgang zur **Galérie des Chartrons** ⓯. Diese von auskragenden, rotverglasten Loggien flankierte Passage wird in der gesamten Länge von einer filigranen Metall-Glasdachkonstruktion geschützt. Das Ensemble inspiriert haben die alten Weinlager des Viertels, durch die Passagen führen.

## »Die schönste Pfütze der Welt!«

Zurück an die Kais. Leise gleitet die Straßenbahn, deren nüchtern-elegante Haltestellen Städteplanerin Elisabeth de Portzamparc entworfen hat, über den Quai de la Douane, vorbei an der barocken Pracht der **Bourse Maritime** ⓰ und den Fassaden von Händler- und Reederpalais. In Stein gehauene Neptunfiguren, Antillenschönheiten, schmiedeeiserne Balkongitter, Balustraden und pompöse Giebel zieren die elegante Uferfront. Mittendrin umwogt an der riesigen Esplanade des Quinconces ein Platanenwald das **Monument aux Girondins** ⓱, den Monumentalbrunnen zu Ehren der Girondins und der Republik. Mit 12 ha gilt der zur Garonne ausgerichtete Platz als einer der größten in Europa. Zwei zum Fluss weisende Säulen tragen Statuen, die Handel und Schifffahrt symbolisieren.

Junge Leute stehen barfuß im seichten Wasser des skulpturalen **Miroir d'Eau** ⓲. Machen Sie es ihnen nach: Ihre Füße haben es nach fast 4 km Asphalt und Stein verdient. Im 20-Minuten-Takt steigt der nur wenige Zentimeter hohe Wasserpegel, fällt wieder ab, bis aus den Bodendüsen nur noch feiner Nebel sprüht. Brunnenplaner Jean Max Llorca hat das Wunderwerk, Bordeaux' neues Wahrzeichen, 2006 vollendet. Die üppig blühenden Gartenanlagen auf Höhe der 1729–55 vollendeten **Place de la Bourse** rahmen das Wasserspiel. In der Platzmitte bietet die **Fontaine des Trois Grâces** ⓳ von 1869 dem modernen Miroir d'Eau städtebaulich Paroli.

INFOS/ÖFFNUNGSZEITEN
**Cap Sciences** ⓭: www.cap-sciences.net, Di–Fr 14–18, Sa/So 14–19 Uhr, 9 €
**Bord'eau Village** ❹: www.bord-eau-village.com, Di–So 10–19 Uhr
**Hangar 14** ⓮: T 05 56 11 99 00, www.bordeaux-expo.com
**Roller Skate Park** ❶: tgl. 9–22 Uhr
**Galérie des Chartrons** ⓯: Mo–Fr 7–20, Sa 7–17 Uhr

EIN BETT IM EISBERG …
Das Designhotel direkt an der Garonne heißt **Seeko'o** ❹: spacige Zimmer, teils in knalligem Pop-Design (54, quai Bacalan, T 05 56 39 07 07, www.seekoo-hotel.com, DZ ab 165 €).

KULINARISCHES
**Arcada** ❺ ist ein angesagtes Bistro mit Gewölbe und coolem Design, etwas vom Ufer weg gelegen (13, rue de la Rousselle, T 05 56 23 08 61, www.arcada-restaurant.fr, So/Mo geschl., Menü mittags €€, sonst €€€).
**La Symbiose** ❻, Bistro und zugleich Cocktail Bar mit unschlagbar günstigem Mittagsmenü (4, quai des Chartrons, T 05 56 23 67 16, Mo abends, So geschl., Formule mittags €, sonst €€–€€€).

Faltplan: E 9 | Cityplan: S. 47 | Länge des Spaziergangs: ca. 4 km, Dauer: 2–3 Std.

49

*Kein gewöhnlicher Spiegel, sondern ein ›Wasserspiegel‹: der Miroir d'Eau. Besonders beliebt als willkommene Erfrischung an heißen Sommertagen.*

deaux.fr, Di, Do–So 11–18, Mi bis 20 Uhr, 5 €, Sonderausstellungen 7 €, unter 18 Jahren gratis). Das Museum für zeitgenössische Kunst mit Schwerpunkt auf Arte Povera, Land Art und Minimalismus residiert in einem Kolonialwarenlager von 1824. Hinzu kommen eine grandiose Dachterrasse und das von Andrée Putman gestylte Café. Im selben Bau zeigt das **Centre d'architecture Arc en rêve** (www.arcenreve.com, Di–So 11–18, Mi bis 20 Uhr) zudem, was in Bordeaux und in der internationalen Architektur- und Designszene gerade los ist.

### Welthauptstadt des Weins

Baukräne über dem **Bacalan-Viertel** im Norden machen deutlich, dass Bordeaux im alten Flusshafen zum nächsten städtebaulichen Sprung ansetzt. Auf einem 140 ha großen Areal um zwei riesige Hafenbecken herum entsteht bis 2025 ein 5400 Wohnungen zählendes Ökoquartier. Vorreiter des Viertels war die **Base sous-marine** 11 (Boulevard Alfred-Daney, Di–So 14–19, Winter bis 18 Uhr, gratis). Der ehemalige deutsche U-Boot-Bunker (1941) ist ein Kulturzentrum mit cooler Innenbeleuchtung und Streetart-Ausstellungen. Doch der ganz große architektonische Wurf folgte 2016 mit der Eröffnung der **Cité du Vin** 12 (134–150, quai de Bacalan, 1, esplanade de Pontac, www.laciteduvin.com, 21 € inkl. Weinprobe, interaktivem Tablet, Sonderausstellung). Der 81 Mio. Euro teure Themenpark ist ein architektonisch umwerfender Komplex des Pariser Büros XTU architects, mit dem Bordeaux auf seinen Ruf als ›Welthauptstadt des Weins‹ pocht. Kernstück ist der **Parcours permanent** im zweiten Stock. 19 thematische Module fächern wie ein Kaleidoskop die vielfarbigen Facetten des aus Trauben gewonnenen Kult- und Kulturgetränks auf. Man flaniert durch ein Labyrinth berührungsempfindlicher Bildschirme, interaktiver Installationen und multimedialer Maschinen. Schlüssel zu ihrem Zugang ist ein elektronischer ›Reisebegleiter‹, ein eigens entwickeltes Tablet, das per Bewegungsdetektor Animationen lanciert. Der Sprechtext zu diesen ertönt – in einer von acht zur Auswahl stehenden Sprachen – aus speziell angefertigten Kopfhörern, deren offene Form Gespräche zwischen Besuchern ermöglicht. Vom **Belvédère** schweift der Blick über die Stadt des 21. Jh. – ein Glas Wein in der Hand macht das Erlebnis unvergesslich.

### ›Rive droite‹ reloaded

Das rechte Ufer der Garonne war früher das städtebauliche Stiefkind von Bordeaux. *Fini!* Über den **Pont de Pierre** von 1822 geht es auf die *Rive droite*. 17 Bögen tragen die mit Laternen bestückte Brücke über den breiten Fluss. Auf der anderen Seite fällt der Blick auf die knallroten Balkonen rhythmisierte **Caserne des Pompiers de la Benauge** 20, eine denkmalgeschützte Wohnanlage für Feuerwehrleute aus den Jahren 1951–54. Als Empfangssalon des Viertels aber fungiert die **Place de Stalingrad,** wo eine moderne, von Xavier Veilhan geschaffene **Skulptur eines himmelblauen Löwens** 21 Aufbruchsstimmung verheißt. Westlich des »Blue Lion« wurde die **Gare d'Orléans** 22, der älteste Bahnhof von Bordeaux im Neobarock, zum Mégarama-Kinokomplex umgebaut. Ansonsten entstanden viele neue Appartementhäuser im Umfeld des Platzes, von dem es über die Avenue Thiers zur **Avenue Abadie** geht. In Nummer 35 fällt der futuristische Komplex des **Pôle universitaire de Sciences de Gestion** 23 ins Auge. Unser nächstes Ziel ist der **Jardin Botanique** 24 (Park Sommer 8–20, Winter 8–18, Gewächshäuser Di–So 11–18 Uhr). Bordeaux' moderner botanischer Garten umfasst elf für die Region Aquitaine typische Biotope und kommt mit Palisaden, modernem Gewächshaus

und den von Pascal Convert geschaffenen Zugangstoren wie ein Gesamtkunstwerk daher. 2007 hat die Paysagistin Catherine Mosbach auf dem Gelände die **Cité Botanique** geschaffen, in deren Gewächshäusern die Flora des Mittelmeers gedeiht.

## MUSEEN, DIE LOHNEN

### Design in alten Mauern
**Musée des Arts Décoratifs et du Design** 25
Im herrschaftlichen Hôtel de Lalande, einem Stadtpalais von 1780, werden nicht nur Mobiliar, Porzellan, Glas, Silber aus dem 17. bis 19. Jh. ausgestellt. Über 200 Designobjekte von den 1970er-Jahren bis zur Gegenwart finden ebenfalls in den Salons und im Ex-Kutschenhaus Platz.
39, rue Bouffard, www.madd-bordeaux.fr, Mi–Mo 11–18 Uhr, 5 €, Sonderausstellungen 6 €, unter 18 Jahren gratis

### ›Frische‹ Kunst
**Musée des Beaux-Arts** 26
Das jüngst renovierte Kunstmuseum hütet eine umfangreiche Gemäldesammlung vom 15. bis 20. Jh. Seit der Neueröffnung kommen die Werke von Tizian, Frans Hals, Greuze, Matisse, Kokoschka umso besser zu Geltung. In der ebenfalls renovierten **Galérie des Beaux-Arts** 27 gegenüber werden Sonderausstellungen gezeigt.
Musée: 20, cours d'Albret, www.musba-bordeaux. fr, Mi–Mo 11–18 Uhr, 8 €; Galérie: Place du Colonel-Raynal, Mi–Mo 11–18 Uhr, 7 €

### Das Gedächtnis einer ganzen Region
**Musée d'Aquitaine** 28
Wussten Sie, dass Bordeaux eine Drehscheibe des Sklavenhandels war? Die Sammlung zur Geschichte von Region und Stadt hat zwei Schwerpunkte – einmal die ›englische‹ Periode (12.–15. Jh.), einmal das ›Goldene Zeitalter‹ im 18. Jh. (1. Etage) – und verleugnet nichts. Neben dem Glanz der Handels- und Weinmetropole kommen auch die dunklen Seiten wie der Sklavenhandel zur Sprache.

20, cours Pasteur, www.musee-aquitaine-bor
deaux.fr, Di–So 11–18 Uhr, 8 €, Sonderausstellungen 7 €, unter 18 Jahren gratis

## SCHLEMMEN, SHOPPEN, SCHLAFEN

 **In fremden Betten**

### Budget im Bohémien-Viertel
**Hôtel Notre-Dame**

Nettes Hotel im Chartrons-Viertel. Einfache, renovierte Zimmer, freundlicher
Empfang.

36, rue Notre-Dame, T 05 56 52 88 24,
www.hotelbordeauxchartrons.com | €–€€

### Urban Chic
**Mama Shelter** ❷

Zentrale Lage unweit der Kathedrale,
viel Design, nackter Beton und knallige
Farben, das Ganze für überschaubare
Preise.

19, rue Poquelin-Molière, T 05 57 30 45 45,
www.mamashelter.com | €€

### Très Bordeaux
**Une chambre en ville** ❸

Nobles Barockgemäuer im für Bordeaux
typischen Stil des 18. Jh., mit einer
Handvoll eleganter Chambres d'hôte. Als
Bonus: der Salon im Erdgeschoss.

35, rue Bouffard, T 05 56 81 34 53, http://
chambre-en-ville-guest-house.bordeauxhotel
page.com | €€€

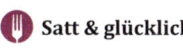 **Satt & glücklich**

### Aus dem Garten auf den Tisch
**C'Yusha** ❶

Stylischer Saal, nur wenige Gedecke und
ein Chef, der mit exotischen Gewürzen
umzugehen weiß und das Gemüse im
eigenen Garten zieht.

12, rue Ausone, T 05 56 69 89 70, Fr/Sa mittags,
So/Mo geschl. | Formule €, sonst €€–€€€

### Angenehm ungezwungen
**Bo-tannique** ❷

Cooles Bistro mit Terrasse an einem
netten, verkehrsberuhigten Altstadtplatz.
Signature Dish ist die Dorade im Mantel

mit süßsaurem jungem Gemüse. Nur
Naturweine!

2, rue Tustal, T 05 56 81 34 92, www.bo-tanni
que.fr, So/Mo geschl. | Menü € (mittags)–€€

### Bordeaux – Buenos Aires
**El Nacional** ❸

Hugo Naòn bringt mitten in Bordeaux in
einer ehemaligen Druckerei argentini-
sche Küche auf den Tisch – vieles vom
Rind und vom Grill. Auch die Weine
stammen aus seiner südamerikanischen
Heimat.

23 bis, rue Rode, T 05 56 19 22 76, www.elnaci
onal.fr, So geschl. | €

**Stöbern & entdecken**

Luxusboutiquen gibt es im Triangle
d'Or. Textilketten haben ihre Filialen in
der Fußgängerzone **Rue Ste-Catherine** und **Rue de la Porte Dijeaux**
nahe dem Grand Théatre. Streetwear
findet man im **Quartier de la Grosse
Cloche** und in der **Rue Pas-Saint-
Georges**. Antiquitäten, Trödel und
Design werden im **Quartier des
Chartrons** gehandelt.

### Schokolade macht glücklich!
**Cadiot-Badie** ❶

*Der* Chocolatier der Stadt, schon die
Boutique von 1826 lohnt den Besuch.

26, allée de Tourny, tgl. außer So

### Lecker lokal
**Pâtisserie Baillardran** ❷

*Cannelés* sind ›gerillte‹ Rum-Vanille-Küch-
lein – und die Spezialität von Bordeaux.
Probieren lohnt sich!

41, rue des Trois-Conils, tgl., weitere Boutiquen
im Zentrum, www.baillardran.com

### Wein mit Design
**L'Intendant** ❸

Hinter der Barockfassade führt eine 12 m
hohe Wendeltreppe durch das 15 000
Flaschen umfassende Angebot. Auf dem
Weg nach oben zieht das in hellen Holz-
regalen präsentierte Sortiment vorbei. Das
Prinzip ist einfach: Im 1. Stock werden
Weine unter 15 €, im 3. Stock Zweitwei-

ne, im 4. Crus classés und alte Jahrgänge angeboten – hier darf die Flasche bis zu 4000 € kosten. Reinschauen kostet nix.

2, allée de Tourny, www.intendant.com, Mo–Sa 10–19.30 Uhr

### Markttreiben

**Quai des Chartrons** 8 : Wochenmarkt So morgens, Biomarkt Do morgens. **Place Canteloup:** Wochenmarkt mit orientalischen Ständen und vielen Wühltischen Sa morgens, Trödler So morgens, Mo nur Textilien. **Place des Capucins:** Di–So, exzellente Produkte und Austernbar.

· · · · · · · · · · · · · · · · · · · · · · · · · · · · · ·

### ☼ Wenn die Nacht beginnt

Donnerstags bis samstags ist in Bordeaux viel los. Epizentrum der studentischen Nacht ist die **Place Ste-Victoire,** für die Twens und Thirtysomethings sind es das **Quartier St-Pierre** und die **Chartrons.** Tendenz: Das **Bacalan**-Viertel ist kräftig im Kommen und auch auf dem rechten Ufer der Garonne herrscht Aufbruchstimmung. Achtung: Bordeaux ist zwar nicht die Bronx, doch alleine zu früher Morgenstunde zwischen Place Ste-Victoire und Capucins-Viertel herumzulaufen, ist keine gute Idee.

### Grandioser Ausblick
**Mama Shelter Bar** ☼
Die Rooftop Bar des hippen Design Hotels (s. o.) wurde in Windeseile zum neuen Hotspot der Altstadt. Viel nackter Beton, viele Cocktails, ganz viel Aussicht.

79, rue Poquelin-Molière, www.mamashelter.com

### Schick und schön
**Bar à Vin** ☼
Die schickste Weinbar von Bordeaux mit toller Weinkarte, kompetentem Sommelier-Service und kleinen Speisen.

3, cours du XXX Juillet, T 05 56 00 99 30, https://baravin.bordeaux.com, Mo–Sa 11–22 Uhr

### Denkmalgeschützt
**Le Grand Bar Castan** ☼
Unter der ausladenden Markise zu sitzen, ist ein Ritual – seit 1890. Der Jugendstil und Rocaille-Dekor mischende Saal ist denkmalgeschützt, die Auswahl an Whiskys groß.

2, quai de la Douane, tgl. 9–2, Mi ab 21 Uhr

### Funky, funky
**L'Apollo Bar** ☼
Flippige Eckbar mit *shabby* Chic und Konzertprogramm. Das Thema gibt New

*Bordeaux hat Geschichte – und die ist in der Stadt allgegenwärtig.*

*Shoppen war gestern – probieren Sie es mal mit Windsurfen, in Bordeaux wird keiner schief gucken.*

York und seine Funkszene vor. Lockere Atmosphäre.
19, place Fernand Lafargue, www.apollobar.fr

## INFOS

**Office de Tourisme de Bordeaux:**
12, cours du XXX Juillet, T 05 56 00 66 00, www.bordeaux-tourisme.com, gutes, umfangreiches Infomaterial
**CityPass:** für mehr als 30 Museen und Sehenswürdigkeiten, Nahverkehrsnutzung etc., für 1, 2 oder 3 Tage, 29–46 €
**Conseil Interprofessionnel du Vin de Bordeaux:** 1, cours du XXX Juillet, T 05 56 00 22 66, www.bordeaux.com. Alles über die Weine des Bordelais, inkl. Tipps zu Touren, Übernachten beim Winzer, Wein-Workshops …

## TERMINE

**Bordeaux fête le vin:** in geraden Jahren, nächste Termine Juni 2024, 2026, www.bordeaux-fete-le-vin.com. Weinfest mit 2 km langer ›Weinstraße‹ am Garonne-Ufer, Verkostungen, Darbietungen sowie Ausflügen in die Weinberge. Macht das große Event der Stadt.
**Bordeaux fête le fleuve:** in ungeraden Jahren, nächste Termine Juni 2023, 2025. Flussfest mit Musik-, Tanz-, Theateraufführungen, Segelschiffen am Kai und Feuerwerk. Macht das zweitgrößte Event der Stadt.

## IN DER UMGEBUNG

### Balkonlage über dem Fluss
Das Winzerstädtchen **Bourg** (2200 Einw., ⌑ E 8) thront auf einem Kalkhügel, mit den honigblonden Mauern am Wasser, mit den Reben im Hang. Vom malerischen Hafen geht der Blick auf die Dordogne, die nordwestlich mit der Garonne zusammenfließt, um die Gironde, den ›Mississippi Frankreichs‹, zu bilden.
www.bourg-en-gironde.fr, www.bourg-gironde.fr

### Mehr Reben gibt's nimmer
Weithin sichtbar thront die von Vauban gebaute Zitadelle über der Gironde und auch über **Blaye** (4800 Einw., ⌑ E 7), der Hauptstadt der flächenmäßig größten Appellation im Bordelais. Die Weingüter heißen wie überall im Bordelais Château, sind jedoch keine auftrumpfenden Feudalbauten, sondern eher Bauernhöfe. Imposant ist hingegen die Zitadelle: Die 33 ha große Anlage wirkt wie eine Stadt in der Stadt.
www.bbte.fr, www.vin-blaye.com

### ›Land's end‹
Die **Pointe de Grave** (⌑ D 5) ist der nördlichste Punkt des Médoc und reicht in den gewaltigen Mündungstrichter der Gironde. Markantes Wahrzeichen ist der **Phare de Grave.**

Im Leuchtturm zeigt das **Musée des Phares et des Balises** (April–Juni, Sept.–Nov. Fr–Mo 14–18, Juli/Aug. tgl. 11–19 Uhr, sonst nur auf Anfrage, www.asso-cordouan.fr, 3 €) eine Ausstellung zu den Leuchttürmen und -feuern an der Gironde, vor allem zum Phare de Cordouan, der 11 km vor der Küste einsam auf hoher See seinen Dienst tut (▶ S. 40). Wer es genauer wissen möchte: Das Ausflugsboot ›La Bohème II‹ schuftet sich von der Pointe de Grave durch die Fluten zum Leuchtturm.

April–Okt., www.vedettelaboheme.com, 3,5-stündiger Ausflug mit Besichtigung des Leuchtturms, 45 €/Pers.

# St-Émilion 🗺 F 9

**Über 1 Mio. Besucher erkunden jedes Jahr die Weinberge, die für einen der weltweit besten Rotweine stehen. Nur 40 000 davon aber schauen sich die Sehenswürdigkeiten im Städtchen (1900 Einw.) selbst an: Die meisten Besucher vergessen, dass St-Émilion mehr als ein Weinberg ist. Dabei gehört der zauberhafte, von hohen Mauern umschlossene Ort zum Weltkulturerbe der UNESCO. Eins noch: Für High Heels ist das krumme Pflaster in den Gassen absolut ungeeignet.**

### Ein Platz für alle(s)

Akazien duften auf der **Place du Marché,** Cafés und Vinotheken wechseln sich ab. In einer Ecke bietet die Markthalle ein Plätzchen für den Nachbarschaftsschwatz, in einer anderen liegt der Zugang zur **Église monolithe** (▶ S. 55): Europas größte Höhlenkirche (8.–12. Jh., nur bei Führungen mit dem Office de Tourisme zu besichtigen) überrascht mit Säulen und Altären, die aus dem weichen Kalk gehauen sind. Aus der feuchten Kühle scheint der Hauch des Mittelalters zu verströmen. Am Platz liegt ebenfalls die **Chapelle de la Trinité** (13. Jh.) mit

grandiosen Fresken. In die **Grotte de l'Ermitage** unter der Kapelle soll sich der hl. Emilion im 7. Jh. zurückgezogen haben.

### Unter dem Pflaster die Katakomben

Unter dem Pflaster von St-Émilion verbergen sich über 100 ha künstliche Höhlen, **Les Catacombes,** verteilt über fünf Etagen. Die ältesten stammen aus dem frühen Mittelalter. Manche wurde als letzter Ruheort für Mönche und Patrizier genutzt. Heute dienen viele der ehemaligen Katakomben und Steinbrüche als Weinkeller. Bei der einstündigen Führung ›**Saint-Émilion Souterrain**‹, die das Office de Tourisme organisiert, erfährt man mehr (12 €).

### Tausend Schlösser, ein Turm

Von der Terrasse der mittelalterlichen **Tour du Roy** schweift der Blick bis über die Weinberge von Pomerol und Fronsac. Immer wieder bleibt das Auge von der Höhe des wuchtigen Turms, der im 13. Jh. als Teil einer Burg errichtet wurde, am Turm eines anderen Schlosses hängen: 1000 Châteaux soll es rundum geben.

Rue du Château du Roy, Febr.–Dez zugänglich, wechselnde Öffnungszeiten und Führungen über das Office de Tourisme zu erfragen, 2 €

### Perlen vor die Klosterbesucher

Vom Kreuzgang des **Cloître des Cordeliers** blieben nur ein paar romanische Säulen und die Kirche ist eine romantische Ruine. Das Kloster ist

**Ü ÜBRIGENS**

Schon mal was vom hl. Bruno gehört? So haben Archäologen das Skelett genannt, das 2003/2004 bei Grabungen in der **Église monolithe** gefunden wurde. Seitdem bewacht der in der Kirche ausgestellte Schädel des unbekannten Toten Archäologen und Besucher.

**# 7**

# Bahntrassen-Romantik
# – mit dem Rad durchs Entre-Deux-Mers

Die Voie Verte ›Roger Lapébie‹, benannt nach einer Radfahrerlegende der 1930er-Jahre, folgt einer stillgelegten Bahntrasse. Benutzen dürfen die 54 km lange Asphaltpiste von Bordeaux nach Sauveterre-de-Guyenne nur Radfahrer, Inlineskater und Fußgänger. Los geht's!

Aus der Großstadt aufs Land: Die ›grüne Spur‹ beginnt am Pont St-Jean in **Bordeaux** 1. Es geht 4 km lang am Ufer der Garonne flussaufwärts. Allmählich verflüchtigt sich die Großstadt. Villen und auf Stelzen im Wasser stehende Fischerhütten bestimmen das Bild. Ab **Latresne** 2 schwenkt die Piste in Richtung Osten und damit ins Herz des Entre-Deux-Mers ab, das seinen Namen – ›zwischen zwei Meeren‹ – den Flüssen Garonne und Dordogne verdankt, die den Landstrich in die Zange nehmen.

Bis **Créon** 3 folgt der leicht ansteigende Parcours dem lauschigen, dichtgrünen Pimpine-Tal. Das Dorf ist die erste von mehreren Bastiden längs der Strecke. Wie es sich für die im Mittelalter nach einheitlichem Schema angelegten Siedlungen gehört, säumen auf Arkaden ruhende Häuser den Hauptplatz. Der Mittwochsmarkt ist ein Ereignis für das gesamte Entre-Deux-Mers.

## Schlangenwesen und Sirenen

Östlich von Créon geht es durch einen 400 m langen Tunnel, danach durch Felder, Wälder und Weinberge zur **Abbaye de La Sauve-Majeure** 4, die auf einem Hügel 1 km abseits der Strecke thront. Die Mühe der kurzen Steigung lohnt sich. Schlangenwesen und Sirenen bevölkern die Säulen der Kirche der 1079 gegründeten Benediktinerabtei. In Stein gehauene Weintrauben hängen im Chor über den Köpfen. Noch als Ruine ist der Bau grandios.

Der ehemalige Bahnhof von **Espiet** 5 beherbergt das Restaurant de la Gare. Helme und Satteltaschen verschwinden im Gebüsch, Kinder krabbeln aus dem Radanhänger. Die Patrons Loic und Frédéric

**W**
**WEIN**

Radeln macht durstig. In einem Nebengebäude der Abtei bietet die **Maison des Vins de l'Entre-Deux-Mers** 4 eine regionale Auswahl fruchtiger Rosés, frischer Weiß- und heiterer Rotweine an (Juni–Sept. Mo–Sa 10–12.30, 14–17.30, Okt.–Mai Mo–Fr 10–12, 14–17 Uhr).

*Ab geht's, die Freiheit ruft!*

räumen Stühle und Tische für Radlergruppen zusammen, die sich zum Essen angekündigt haben. Liegestühle stehen im Schatten von Nussbäumen. Im Saal funkelt der Rosé im Glas – und überhaupt: *la vie est belle.*

## Sanftes Auf und Ab

Weiter geht's. Immer wieder verlockt ein romanischer Kirchturm zu einem Schlenker abseits der Piste, so etwa in **St-Brice** 6, wo ein 3,5 km langer Abstecher nach **Castelviel** 7 lohnt. Die romanische Dorfkirche besticht mit herrlichem Portal und kostbaren Kapitellen. Es geht ansonsten größtenteils durch Weinberge nach **Sauveterre-de-Guyenne** 8, dem Ziel der Tour. Die schmucke, 1281 gegründete Bastide blieb mit vier Stadttoren und von Arkaden gesäumtem Hauptplatz original erhalten. Turbulent wird es am Dienstag, wenn Wochenmarkt ist.

INFOS/ÖFFNUNGSZEITEN
**Abbaye de la Sauve-Majeure** 4: La Sauve, www.abbaye-la-sauve-majeure.fr, Juni–Sept. tgl. 10–13.15, 14–18, Okt.–Mai Di–So 10.30–13, 14–17.30 Uhr, 6 €

DRAHTESEL LEIHEN
**Esprit Cycles** 1: 27, rue Docteur Charles Nancel Ménard, T 05 56 58 78 34, www.espritcycles bordeaux.com, 15 €/Tag, 20 €/WE, 70 €/Woche

DIE CHARMANTESTE EINKEHR
Am Ziel des Radwegs liegt am von Arkaden gesäumten Hauptplatz von Sauveterre-de-Guyenne die **Bar des Arcades** 1. Die Bar ist bodenständig, die Terrasse unter den schattigen Bögen lauschig, die Salade landaise üppig (23, place de la République, T 05 56 71 50 21, tgl. 8–22 Uhr, €).

**Faltplan:** E–G 9/10 | **Länge:** 54 km, leichte Radtour | **Infos:** www.voiesvertes.com

# 8

## Weinprobe beim Winzerhochadel – **auf der Route des Châteaux**

**Die D2 schlängelt sich durch die Spitzenlagen des Médoc. Als Route des Châteaux zieht die Landstraße Weinliebhaber aus aller Welt an. Dorfnamen wie Margaux oder Pauillac stehen für weltberühmte Grands Crus, die ihre Kraft dem Cabernet-Sauvignon und ihre Geschmeidigkeit der Merlotrebe verdanken.**

*Auswahl ohne Ende. Zur Weinprobe fährt man besser nicht mit dem Auto …*

**ÜBRIGENS**

Der Bremer Weinhändler **Heinz Bömers** war während der Nazi-Besatzung damit beauftragt, die Weine des Médoc zu beschlagnahmen. Bömers schickte jedoch nur mittelmäßige Tropfen nach Deutschland – und erhielt nach 1945 zum Dank auf dem Château Lafite Rothschild eine Anstellung.

Das **Château du Taillan** [1] ist ein stattliches Barockschloss, zudem eins, in dem eine Winzerin den Ton angibt. Armelle Falcy-Cruse ist eine *Médocaine* der ersten Stunde – ebenso wie Martine Cazeneuve, die 1989 das **Château de Paloumey** [2] in Ludon-Médoc samt Weinbergen erwerben konnte. Für die Absolventin der Handelshochschule Bordeaux und Mutter dreier Kinder ist das Schloss aus dem 19. Jh. »wie ein viertes Kind«. Ihre eleganten Haut-Médoc-Rotweine kann man auf Workshops und bei Besichtigungen kennenlernen.

Mit dem Abstecher nach Arsac ist man wieder im 21. Jh. angelangt. **La Winery** [3] heißt der futuristische Komplex mit 7000 m² Glasflächen, Land-Art-Park, tausend Weinen im Verkauf, davon etliche aus eigenem Anbau, und coolem Restaurant.

### Die ganz Großen

Ab Cantenac führt die Route fast nur noch durch Weinberge. Mit dem **Château Margaux** [4] ist der nach eigenem Bekunden »berühmteste Weinberg der Welt« erreicht. Doch selbst dieses Schloss, dessen Reben zum exklusiven Kreis der *premiers grands crus classés* zählen, empfängt Besucher zur Besichtigung der Keller.

**Paulliac** [5], die Weinhauptstadt des Médoc, liegt am Ufer der Gironde. Wo früher Weinfässer verladen wurden, schaukeln heute Jachten am Kai. Das Renommee des schmucken Städtchens aber machen die Weinschlösser am nördlichen Stadtrand aus. Mit dem **Château Mouton Roth-**

**schild**  **6**, wo man die Barriquekeller besichtigen kann und ein Museum die Kulturgeschichte des Weins nachzeichnet, dem berühmten **Château Lafite Rothschild 7**, in dessen von Ricardo

► INFOS

Nicht nur Weinseliges gibt es unter: www.me doc-tourisme.com, www. medoc-bordeaux.com.

### INFOS/ÖFFNUNGSZEITEN

**Château du Taillan 1**: T 05 56 77 47 00, www.chateaudutaillan.com, Mo–Sa 10–18 Uhr, So auf Reservierung, 12 € inkl. Weinprobe, ›Visite gourmande‹ mit Teller regionaler Spezialitäten 20 €

**Château de Paloumey 2**: Führung mit Probe nach Voranmeldung unter www. chateaupaloumey.com, 10,50 €

**La Winery 3**: Arsac, Rond-Point des Vendangeurs (an der D 1), T 05 56 39 04 90, www.winery.fr, tgl. im Sommer 10–20, Okt.–Mai 10–19.30 Uhr

**Château Margaux 4**: Führungen auf Anmeldung Mo–Fr, T 05 57 88 83 83, www.chateau-margaux.com

**Château Mouton Rothschild 6**: Führungen auf Anmeldung, T 05 56 73 21 29, www.chateau-mouton-rothschild. com, 15–45 €

**Château Lafite Rothschild 7**: Besichtigung nach Anmeldung per Mail (frühzeitig!), www.lafite.com, Nov.–Juli

**Château Cos d'Estournel 8**: Besichtigung auf Anfrage, T 05 56 73 15 50, www.estournel.com, gratis

**Château Loudenne 10**: Führung mit Probe nach Voranmeldung unter www. chateau-loudenne.com

**Phare de Richard (Leuchtturm) 12**: März–Juni 14.30–18.30, Juli/Aug. tgl. 11–19, Sept.–Okt. Mi–Mo 14–18 Uhr sowie auf Anfrage, 2 €

### SCHLOSSHERR(IN) FÜR EINE NACHT

**Château Ormes de Pez 1**: 29, route des Ormes, St-Estèphe, T 05 56 59 30 05, www.ormesdepez.com/fr/ maison-hote, €€€. Das Schloss stammt aus dem 18. Jh., die fünf Gästezimmer haben Charme. Und der St-Estèphe aus eigenem Anbau ist grandios.

**Château Maucaillou 2**: Moulis-en-Médoc, T 05 56 58 01 23, www.chamb res-hotes-maucaillou.com, €€€. Komfortable Chambres d'hôte auf einem noblen Weinschloss

**Château Mayne Lalande 3**: 7, rue du Mayne, Listrac-Médoc, T 05 56 58 27 63, www.lescinqsens.bordeaux.com, €€–€€€. Chambres d'hôte mit klarer Designnote, Wellnessbereich

### GAMBAS SATT!

**La Petite Canau 1**, ein Zuchtbetrieb für Austern, Muscheln und Gambas am Hafen von St-Vivien-du-Médoc (T 05 56 09 49 66, Mitte Juli–Mitte Okt. tgl. abends, So ganztägig, €–€€. Meeresfrüchte und Schalentiere sind super frisch, der Blick auf die Gironde-Landschaft mit Reihern und Enten ist toll.

*Eine gesellige Arbeit: Das Aussortieren der schlechten Trauben kann länger dauern, doch viele Hände machen der Arbeit schnell ein Ende!*

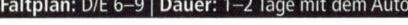

**N**
*NOCH WAS*

Mit den *Médocaines*, einer Handvoll engagierter Winzerinnen des Médoc, öffneten sich vor gut zehn Jahren die ersten Châteaux im prestigeträchtigsten Weinanbaugebiet. *Mesdames* zeigen, wie es geht: Bitte zur **Weinprobe!** Die Winzerinnen brechen lustvoll mit dem Klischee versnobter Médoc-Winzer, die man hinter ihren hohen Portalen nicht zu Gesicht bekommt. Auf den Schlössern der Damen darf man in Workshops seinen eigenen Médoc aus den Rebsorten des Anbaugebiets mischen und an der Weinlese teilnehmen.

Bofill entworfenen Kellern Jahrgänge aus zwei Jahrhunderten lagern, und dem **Château Cos d'Estournel** 8, dessen Architektur an den Palast eines indischen Maharadschas erinnert, reihen sich drei der großen Châteaux des Médoc auf. Entsprechend hoch hängt noch immer die Barriere für Spontanbesucher: Bei den letzten beiden muss man sich schriftlich anmelden.

## Die Gironde, ein treuer Begleiter

Bodenständig erscheint hingegen **St-Estèphe** 9. Das hübsche Winzerdorf hält auf einer Kuppe gebührenden Abstand zur Gironde, an dessen schilfbewachsenem Ufer ein paar Boote liegen. Kein Schloss, trotz des Namens, sondern ein ehemaliges Kartäuserkloster ist das **Château Loudenne** 10 2 km vor St-Yzans-de-Médoc. Zauberhaft der englische, zur Gironde dahinsinkende Park mit seinem Rosarium – von 1875 bis 2000 gehörte das Anwesen einer britischen Familie. Im viktorianisch angehauchten Keller ist ein kleines **Weinbaumuseum** eingerichtet. Den Praxistest kann man anschließend bei einem Glas vom Weingut von Florence Lafragette machen, die auch Gästezimmer vermietet.

Von St-Christoly-Médoc bis **Port-de-Richard** 11 schweift der Blick über Sümpfe, auf Stelzen im Wasser stehende Fischerhütten und den breiten Mündungstrichter der Gironde – ein Blick, der nur noch durch den von der Aussichtsplattform des **Leuchtturms von Richard** 12 getoppt wird.

**Faltplan:** D/E 6–9 | **Dauer:** 1–2 Tage mit dem Auto

längst in Privatbesitz und wird als Weingut betrieben, Spezialität sind weiße und rosé Crémants, Schaumweine, die in der **Bar à bulles** ausgeschenkt werden. Am lauschigsten sind die Plätze im schattigen Garten!

Rue des Cordeliers, www.lescordeliers.com, Mai–Sept. Mo–Fr 11–19, Sa/So 11–20, sonst 14–18, April, Okt. Sa/So bis 19 Uhr, Eintritt zum Kloster frei, Führung 10 €

🏠 **Teures Pflaster …**
Im Umland von St-Émilion gibt es jedoch nette **B&Bs** zu vernünftigen Preisen.

🏠 **Zentral & erschwinglich**
**Auberge de la Commanderie**
Eines der wenigen bezahlbaren Hotels im Ort. Zentral gelegen, modern eingerichtet. Am ruhigsten sind die Zimmer im Nebenbau gegenüber.

2, rue de la Porte-Brunet, T 05 57 24 70 19, www.aubergedelacommanderie.com | €€

🏠 **Im Weinschloss**
**Château de Môle**
Rings um das Schloss von 1760 rollen die Weinhügel davon, womit bereits die Aussicht aus den fünf komfortablen Gästezimmern beschrieben wäre.

Puisseguin (7 km nördl.), T 05 57 74 60 86, https://chateaudemole.fr | €€–€€€

🏠 **Trouvaillen im Pferdestall**
**Château Féret-Lambert**
Es gibt nur zwei Gästezimmer im ehemaligen, zum Weingut umgewandelten Kartäuserkloster, ein gelbes und ein rotes. Beide sind charmant, haben hohe Decken, altes Parkett und sind mit Trouvaillen eingerichtet. Boutique mit Deko-Objekten in den ehemaligen Pferdeställen.

Grézillac (14 km südwestl.), mobil 06 85 92 76 78, www.feret-labonnelle.com | €€

🍷 **Weinbistro**
**L'Envers du Décor**
Schmackhafte Bistroküche und eine Weinkarte mit 600 Posten – eine erfolgreiche Kombination seit mehr als 40 Jahren.

11, rue du Clocher, T 05 57 74 48 31, www.envers-dudecor.com, tgl. | €€–€€€

🍷 **Lauschige Laube**
**Les Marronniers**
Von der Laubenterrasse fällt der Blick auf den Kirchturm von St-Émilion. Entrecôte, Hausmacherrillettes. Mit Gästezimmern.

Montagne-St-Émilion (5 km nördl.), 30, le Bourg, T 05 57 74 60 42, www.restaurant-les-marronniers.fr, April–Okt. Di–So mittags, Nov.–März Di–Sa geschl. | €–€€, Übernachtung €€

🎁 **Mmm … Macarons!**
**Macarons Chez Mme Fermigier**
Das Gebäck gilt als lokale Spezialität. Achtung: Die mit Mandeln gebackenen Macarons erinnern an italienische Amaretti. Eine Schachtel mit 24 Macarons kostet 9 €.

9, rue Guadet, T 05 57 24 72 33

🎁 **Weine mit Weltklasse**
Weinkenner werden sie lieben: die komplexen, eleganten Rotweine mit Noten dunkler Beeren des **Château Canon la Gaffelière** (gut 2 km südl. von St-Émilion, T 05 57 24 71 33, www.neipperg.com) und die konzentrierten, tiefroten Weine mit Aromen von roten Beeren und Zimt sowie angenehmer Holznote, die das **Château de Pressac** keltert (St-Étienne-de-Lisse, 7 km östl., T 05 57 40 18 02, www.chateaudepressac.com).

🚲 **Radfahren**
Zahlreiche Routen rund um den Ort. Karte und Radverleih im Office de Tourisme (Mountainbike 18 €/Tag).

ℹ️ **Infos und Termine**
**Office de Tourisme:** Pl. des Créneaux, T 05 57 55 28 28, www.saint-emilion-tourisme.com
**La Jurade:** 3. Sa (in ungeraden Jahren), sonst 3. So im Juni. Fest zum neuen Weinjahrgang. Mit Umzug der Weinbruderschaft in vollem Ornat und feierlicher Proklamation der neuen Mitglieder.
**Les Grandes Heures de Saint-Émilion:** März–Dez., www.grandesheuresdesaintemilion.fr. Klassische Konzerte auf Weingütern und in den Kirchen von und um St-Émilion.

*Badewannen-Feeling im Atlantik: Auch im September kann das Wasser hier noch auf lauwarme 20 Grad kommen.*

# Lacanau 𝄆 C 8

Vor dem Strandableger Lacanau-Océan liegt der Atlantik inklusive hoher Wellen und blonder Dünen, vor dem alten Dorf Lacanau ein 2000 ha großer Binnensee, dazwischen endlos viel Wald – so etwas nennt man Standortvorteile. Lacanau (4600 Einw.) wandelt sich im Sommer zum Badevorort von Bordeaux und zur hippen Kapitale einer Surferinternationale.

### 🏕 Camping de luxe
**Yelloh! Village Les Grands Pins**
600 schattige Plätze unter Bäumen. Super Ausstattung! Kinderclub, Surfschule, Wellnessbereich, ein Pool nur für Erwachsene, Mountainbikepisten, viel Programm.
Plage Nord, T 05 56 03 20 77, www.lesgrands pins.com, Ende April–Ende Sept, auch Cottages | €

### 🍴 In der Welt zu Hause
**Le Bistrot des Cochons**
Auf der Karte steht eine moderne Regionalküche mit spanischen und asiatischen Einflüssen. Angenehme Terrasse.
1, rue du Docteur-Darrigan, T 05 56 03 15 61, Facebook, Juli/Aug., tgl. abends außer Mi, So auch mittags | €€

### 🛍 Surfzubehör à la mode
**Pacific Island**
Erstklassiges Surfequipment und flotte Surfermode im Laden von Thierry Fernandez, europäischer Vize-Surfmeister.
15, allée Ortal, April–Sept. tgl.

### 🌊 Beachen und Baden
**Achtung:** Der Wellengang ist an der Küste des Médoc kräftig, die Strömung tückisch. Nicht nur ungeübte Schwimmer sollten vorsichtshalber an **überwachten Strandabschnitten** ins Wasser gehen.

### 🌊 Auf dem Brett
Es gibt mehrere gute Surfschulen, darunter der **Lacanau Surf Club,** der den Wettbewerb Lacanau Pro veranstaltet.

17, bd. de la Plage, T 05 56 26 38 84, www.lacanausurfclub.com

### 🌊 Wow! Kitesurfen, Wakeboarden, Stand-up-Paddling
**Evolution 2 Lacanau**
Zuverlässig, professionell, gut ausgerüstet.
Plage du Moutchic, mobil 06 08 34 59 07, www.evolution2.com

### 🌊 Radfahren
**Ausgeschilderte Pisten** zum Cap Ferret, zur Pointe de la Grave, um den Étang de Lacanau und ans Bassin d'Arcachon.
Radverleih in Lacanau-Océan: Locacycles, 11, av. de l'Europe, T 05 56 26 30 99, www.locacyclela canau.fr, April–Okt.

### ℹ Infos und Termine
**Office de Tourisme:** Place de l'Europe, T 05 56 03 21 01, www.medoc-atlantique.com
**Lacanau Pro:** 10 Tage um den 10. Aug., Surfmeisterschaften, lacanaupro.com

## IN DER UMGEBUNG

### Alles, was da kreucht und fleucht
Die **Réserve Naturelle de l'Étang de Cousseau** (5 km nordöstl., 𝄆 C 8) ist ein Naturschutzgebiet um einen Binnensee, durch das 15 km ausgeschilderte Wanderwege führen. Mit etwas Glück bekommt man Otter, Wildschweine, Schildkröten, Zugvögel zu sehen. Gut ist eine Führung mit einem Fachmann.
Reservierung über Office de Tourisme Lacanau oder Carcans, 3–5 €

### Rekordsee
Mit 18 km Länge, 4 km Breite und 5700 ha Wasserfläche behauptet sich der **Lac d'Hourtin-Carcans** (𝄆 C 7/8) als größter See Frankreichs – und als Hotspot für Kajak- und Kanupaddler. Vom Nordufer sind Wanderwege in die **Lagune von Contaut** ausgewiesen. Schilder erklären die Fauna: So sind manche Farne im Sumpf an die 200 Jahre alt!
Führungen Juni–Mitte Sept. über Office de Tourisme von Hourtin, www.medoc-atlantique.com, gratis

# Arcachon und die Landes

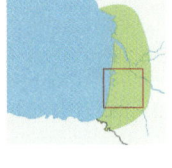

Arcachon ist der Hotspot an der über lange Sand-
strandkilometer unbesiedelten Côte d'Argent. Die
Belle-Époque-Sommerfrische hat sich in wenigen
Jahren vom stillen Paradies für Ruheständler zum
hippen ›In-Place‹ gemausert. Schick & trendy wird
es auch am Cap Ferret, das wie ein St-Tropez am
Atlantik daherkommt. Auf der anderen Seite der
Bucht von Arcachon baut sich mit der Dune du Pilat Europas höchste
und größte Düne auf. Nochmals weiter südlich dehnen sich hinter dem
Dünenkamm bis zur Mündung des Adour bei Bayonne die endlosen
Kiefernwälder der Landes aus. Biker setzen neonfarbene Punkte ins
Grün. Der Atlantik? Ist plötzlich sehr fern.

# Arcachon 🗺 C 10

**Gleich vier ›Städte‹ bilden die Strandmetropole der Côte d'Argent. Ville d'Été heißt das Strandviertel, Ville de Printemps das Villenviertel weiter östlich, Ville d'Automne das ehemalige Fischerviertel im Westen, Ville d'Hiver die mondäne Siedlung in den bewaldeten Hängen, die zum Villen-Watching einlädt (▶ S. 68). Kurz: In Arcachon (10 900 Einw.) ist rund ums Jahr etwas los. Am Wochenende rückt ganz Bordeaux zum Beachen, Feiern, Genießen an. Zur Stadt gehört das 155 km² große Bassin, eine Bucht mit Austernbänken und Ausflugslokalen, die im Rhythmus von Ebbe und Flut unterschiedlichste Gesichter zeigt.**

## WAS TUN IN ARCACHON?

### Shoppen und Flanieren

Ville d'Été (›Sommerstadt‹) heißt das geschäftige Zentrum zwischen Strand und Cours Lamarque – das schmale Viertel parallel zum Strand ist ein Mekka fürs Turboshopping, Sehen und Gesehenwerden, Verbummeln der Zeit auf Caféterrassen. Zwischen den Belle-Époque-Fassaden und Boutiquen ragen die neogotische **Kathedrale Notre-Dame** 1 mit der Chapelle aux Marins (Ex-Votos von Fischern!) und das schlossartige **Casino** 2 von 1853 an der Eyrac-Mole heraus. Den spektakulärsten Blick auf das Bassin d'Arcachon hat man eine Mole weiter von der Jetée Thiers. Auf Mole Nummer drei, der Jetée de la Chapelle, erinnert ein Kreuz an die auf See gebliebenen Fischer und Seeleute. Was so im Bassin d'Arcachon und den Ozeanen schwimmt und gründelt, zeigt das **Musée Aquarium** 3 (Kernöffnungszeiten Ende Feb.–Mitte Nov. tgl. 9.45–12.15, 13.45–18 Uhr, Sa vormittags geschl., 6,50 €): als da wären Meeresschildkröten, Muränen, Riesenkrake & Co. Eine Etage darüber geht es um Seetiere auch ohne Flossen (Muscheln,

Vögel) und um die Austernzucht im Bassin d'Arcachon.

### Beachen und Clubben

Die Ville de Printemps (›Frühlingsstadt‹) im Westen zwischen Boulevard de l'Océan und Boulevard de la Côte d'Argent ist zunächst nur eine weitere Ansammlung nobler Villen, diesmal jedoch mit Tennisplatz, Schwimmbad und Pelota-Mauer für das urbaskische Ballspiel (**Pilotaris arcachonnais** 3, 14, av. du Parc, Juli/Aug. Fr abends Wettbewerbsspiele). Was vergessen? Halt, ja, ganz im Süden ist der **Arbousiers-Strand** der Spot schlechthin für Surfer. Durch den herrlichen **Parc Pereire** fährt man weiter nach Le Moulleau, ein höchst umtriebiges Viertel rund um **Notre-Dame-des-Passes** 4: Die südländisch wirkende Kirche schützte die in die Bucht fahrenden Fischer. Heute wacht die Kirche über die vielen Terrassen und ihre Nachtschwärmer in der verkehrsberuhigten Straße zum Strand. Noch was: Zwei Eismacher im Ortsteil Le Moulleau wetteifern um den Titel des besten Glacier von Arcachon (▶ S. 67).

### Von Fischern und Fischen

Der Hafen der Ville d'Automne (›Herbststadt‹) ist mit 2600 Liegeplätzen und zwei Dutzend Fischerbooten der zweitgrößte an der Atlantikküste. Vom alten Fischerviertel künden die flachen Katen, Fischhandlungen und die **Criée** 5, die Fischauktionshalle. ›Hinter den Kulissen der Criée‹ heißt eine Führung des Office de Tourisme, die in die Riten zwischen Fischern, Großeinkäufern und Versteigerern einführt (90-min. Führung inkl. Anlanden der Fische/Auktion Mo, Do im Sommer 6.15 Uhr, 14 €, unbedingt reservieren!).

## SCHLEMMEN, SHOPPEN, SCHLAFEN

### 🏠 In fremden Betten

#### Villenglück
**Hôtel Ville d'Hiver** 1
Streng genommen ist der zauberhafte Bau im schönsten Villenviertel der Stadt

keine Villa, sondern das historische Wasserwerk. Und nun charmantes Designhotel mit Pool und Garten (▶ S. 69).

### Poppiges Heim
**Home Hotel**
Ein zauberhaftes Hotel des 19. Jh. ganz aus Holz, 50 m vom Strand entfernt, mit frischem Wind in poppigen Farben renoviert – kurz: ein Heim zum Wohlfühlen.
8, allée de la Chapelle, T 05 56 83 38 53, www.home-arcachon.com | €€€

### Bühne frei fürs Relaxen
**Hôtel des Pins**
Der weiße Bau wurde um 1900 als Theater errichtet, dient jedoch schon lange als Hotel mit Zimmern im 1930er-Jahre-Stil.
In Cap Ferret, 22, rue des Fauvettes, T 05 56 60 60 11, www.hoteldespins.eu | €€

........................................................

### 🍴 Satt & glücklich

### Fischiges zum fairen Preis
**Restaurant Boulevard 88** ❶
Billig ist Arcachon auch hier nicht, aber das Preis-Leistungs-Verhältnis stimmt und die Portionen sind großzügig. Was schmeckt? *Chipirons à la plancha oder Burger de la mer.*
88, bd. de la Plage, T 05 56 83 82 41, https://bd-88.fr, So mittags, in der Nebensaison auch Mo geschl. | €€

### Fischers Fritze …
**Le Pinasse Café** ❷
Zum Frühstück, für Mittagessen, Aperitif oder Dinner: Die große Terrasse am Fähranleger lädt dazu ein. Unwiderstehlich: Meeresfrüchte. Immer frisch: Fisch. Schließlich bezeichnet eine Pinasse das traditionelle Fischerboot von Arcachon.
2 bis, av. de l'Océan, T 05 56 03 77 87, www.pinasse-cafe.com, Mitte Nov.–Mitte Feb. Mo–Do abends geschl. | €€€

### Austern in der ›Hütte‹
**Chez Boulan** ❸
Die Hütte des vielfach prämierten Austernzüchters ist ein hippes Restaurant mit Terrasse geworden, auf der man

nett unter Palmen sitzt. Kult sind die salzig-kernigen Ferret-Capienne- und die fleischigen Spéciale-Boulon-Austern (15–23 €/Dutzend).
2, rue des Palmiers, T 05 56 60 77 32, www.chezboulanferret.fr, Do–Mo 10–18.30 Uhr

### Die besten ›Glaciers‹ der Stadt
Zwei Eismacher im Ortsteil Le Moulleau wetteifern um den Titel: Olivier de Labarre vom **Ô Sorbet Amour** ❹ hat bereits 100 ausgefallene Eissorten und Sorbets kreiert. Das **Aux Délices Glacées** ❺ der Familie Guignard hingegen steht seit fast 50 Jahren für traditionelle Eissorten aus allerbesten Zutaten. Noch ein Hörnchen, *s'il-vous-plaît!*
Ô Sorbet Amour, 5, av. Notre-Dame, https://osorbetdamour.fr, Mai–Sept. tgl. 10–24, März 13–19, April 13–23 Uhr; Aux Delices Glacées, 57, bd. de la Côte d'Argent, April–Sept. tgl., sonst nur Sa/So

........................................................

### 🛍 Stöbern & entdecken

### Kaffee oder Tee?
**La Torréfaction de la Côte d'Argent**
Spezialitäten der über 70 Jahre alten Kaffeerösterei sind exotische Sorten wie Tarrazu aus Costa Rica, Yellow Bourbon aus Brasilien oder Huehuetenango aus Guatemala. Wer keinen Kaffee trinkt: Das Angebot an Tee ist umwerfend, das an hochprozentigen Destilaten etwas für stürmische Tage.
46, av. du Maréchal-de-Lattre-de-Tassigny, www.latorrefactiondarcachon.fr, Mo–Sa

> **Ü**
> **ÜBRIGENS**
>
> Hollywood hat seinen Walk of Fame, Arcachon seine **Chaussée des Pieds marins:** In der Nähe der Jetée Thiers haben Seglerlegenden der Atlantikküste wie Eric Tabarly, Florence Arthaud und Yves Parlier ihre Fußabdrücke in Bronze hinterlassen.

# #9

# Ewiger Sommer in der ›Winterstadt‹ – **Arcachons Ville d'Hiver**

**Vor 150 Jahren entstand auf den Anhöhen von Arcachon eine Kurstadt für die Schönen und Reichen der damaligen Welt: die Ville d'Hiver, ›Winterstadt‹. Geworben wurde um betuchte Tuberkulosekranke und andere vermögende Kränkelnde. Versprochen wurde Heilung durch gesunde Luft und Pinienduft. Kommen Sie mit auf eine Brise!**

**ÜBRIGENS**

Alle 96 Villen (!) im Schweizer Chaletstil, mit denen 1863–78 der Grundstein zu Arcachons Nobelviertel Ville d'Hiver gelegt wurde, sind erhalten. Als **denkmalschützerischer Glücksfall** erwies sich der Umstand, dass alle Häuser bis zum Zweiten Weltkrieg im Besitz der Société Immobilière des Frères Pereire verblieben. Die Brüder Pereire, Gründer der Eisenbahngesellschaft Chemins de fer du Midi, betrieben die 1846 eröffnete Linie von Bordeaux in Arcachons Nachbargemeinde La Teste.

*Die schöne Marguerite, die Claude Debussy verzückte, war keine Herzensdame, sondern die Villa des Komponisten.*

Der Rundgang beginnt an der Avenue Regnault, wo ein Aufzug Besucher in den **Parc Mauresque** 6 hinaufbringt. Um 3 °C milder als unten am Strand ist die Durchschnittstemperatur im noblen Viertel. Umso üppiger scheinen die Blumen im 4,6 ha großen Park zu blühen, der seinen Namen vom 1977 abgebrannten Casino erhielt. Ein Modell des architektonischen (Alb-)Traums aus 1001 Nacht vermittelt unweit des Aufzugs eine Vorstellung von der einstigen Pracht. Weiter geht es hoch hinaus. Die 32 m lange **Passerelle St-Paul** 7, ein Metallsteg, führt über eine Schlucht zum 25 m hohen Aussichtsturm **Observatoire Ste-Cécile** 8 mit herrlichem Blick über die Villen der ›Winterstadt‹.

## Nobles ›Genesungssanatorium‹

Farbenfroh sollten die Villen sein, um die trüben Gedanken der Schwindsuchtkranken zu verscheuchen – schließlich waren sie ja mit der Hoffnung auf

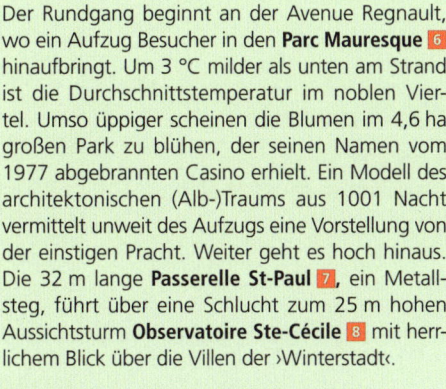

die lindernde Luft nach Arcachon gereist. Die **Villa Alexandre Dumas**  (2, allée Alexandre Dumas) ist mit lasierten Ziegeln, Arkaden und dem pagodenartigen Dach eins der prachtvollsten Anwesen des Viertels. Dumas indes hat den Bau kaum bewohnt.

Die **Villa Brémontier** [10] (2, allée Brémontier) ist ein echter Pereire-Bau im Schweizer Chaletstil. Wie alle Villen der Brüder wurde sie nur vermietet. Wahrzeichen der heute in Wohnungen aufgeteilten Villa ist der markante Treppenturm.

## Mildes Lüftchen zwischen lichten Villen

Gegenüber versteckt sich die **Villa Graigcroston** [11] (6, allée Faust). Bauherr war ein schottischer Lord, der einen Teil der Baumaterialien aus der britischen Heimat einführen ließ. Das Anwesen vermischt nonchalant Kolonialarchitektur mit Palladio-Villa. Ein paar Häuser weiter hat der Komponist Charles Gounod in der trutzburgartigen **Villa Faust** [12] (3, allée Faust) gelebt – eine steinerne Mephisto-Maske ziert den Giebel. Der Name der Villa ist in diabolischer Flammenschrift an der Fassade angebracht. Die **Villa Trocadéro** [13] (6, allée du Dr. Festal) fällt durch eine Holzveranda und Dachzierrat im Stil einer amerikanischen Südstaatenvilla auf.

## Komponisten, Könige, Kiffer – alle kommen

An der **Place Fleming** [14] reihen sich Apotheke, Post und ein Teeladen. Was braucht der Villenbesitzer mehr? Die Platzmitte ziert ein Musikpavillon. An der Ecke zur Allée Christine erinnert der **Temple Protestant** [15], die ehemalige anglikanische Kirche, an die frühere Präsenz der Briten im Viertel. Die **Villa Carmen** [16] (14, allée du Dr. Lalesque) wirkt mit Balkonen und Holzdekor wie eine Strandvilla.

Mit der **Villa Vincenette** [17] (16, allée Corrigan) bahnte sich um 1900 der Jugendstil seinen Weg in die Ville d'Hiver – der bleiverglaste Bow-Window-Erker zeugt vom Geschmackswandel. Folgt man der Straße nach Norden, stößt man am Ende erneut auf den ›Maurischen Park‹. Schmuckstück der Allée Rebsomen ist die **Villa Teresa** [18] (Nr. 4), die spanische und nordafrikanische Architekturmerkmale verbindet. Hier schließt sich der Kreis …

### A AUSSICHT

Für die Besteigung des **Observatoire Ste-Cécile** [8] sollte man schwindelfrei sein – die Stufen hängen an einer Stahlseilkonstruktion und schwanken bei der Benutzung.

**INFOS**

**Office du Tourisme d'Arcachon:** ► S. 71. Führungen durch die Ville d'Hiver, zu Fuß oder per Rad oder auf eigene Faust per Audioguide

**MIT VERWÖHNFAKTOR**

Das einzige Restaurant und einzige Hotel der ›Winterstadt‹ heißt **Ville d'Hiver** [1]. Und ist keine Villa, sondern ein Wasserwerk, umgebaut in ein Designhotel mit Pool und Garten. Tolle Restaurantterrasse, puristischer Saal, tagesfrische Küche (20, av. Victor-Hugo, T 05 56 66 10 36, www.hotel villedhiver.com, €€€, Restaurant tgl., €€–€€€).

# ARCACHON

## Sehenswert

1. Notre-Dame
2. Casino
3. Musée Aquarium
4. Notre-Dame-des-Passes
5. Criée
6. Parc Mauresque
7. Passerelle St-Paul
8. Observatoire
9. Villa A. Dumas
10. Villa Brémontier
11. Villa Graigcroston
12. Villa Faust
13. Villa Trocadéro
14. Place Fleming
15. Temple Protestant
16. Villa Carmen
17. Villa Vincenette
18. Villa Teresa

### In fremden Betten

1. Hôtel Ville d'Hiver
2. Home Hotel
3. Hôtel des Pins

## Satt & glücklich

1. Boulevard 88
2. Le Pinasse Café
3. Chez Boulan
4. Ô Sorbet Amour
5. Aux Délices Glacées
6. Oyster Bar

## Stöbern & entdecken

1. La Torréfaction de la Côte d'Argent
2. Pâtisserie Alain Guignard

## Wenn die Nacht beginnt

1. Paris-Pyla
2. L'Oubli
3. Le Comptoir

## Sport & Aktivitäten

1. Union des Bateliers arcachonnais
2. Locabeach
3. Pilotaris arcachonnais

---

### Cannelés & Feuilletées
**Pâtisserie Alain Guignard**

Die Feinbäckerei im Ortsteil Le Moulleau übertrifft mit ihren Cannelés sogar die Konkurrenz aus Bordeaux und gilt bei den Blätterteig-Obsttörtchen als unerreicht.
11, avenue Notre-Dame-des-Passes, Nebensaison Mo, Jan. geschl.

.....................................................

### ☀ Wenn die Nacht beginnt

**Als Nabel der Nacht gilt Le Moulleau:** vor den Bars **Paris-Pyla** , **L'Oubli** oder **Le Comptoir du Moulleau** glitzert der Asphalt wie Strass – ein straßenbaulicher Wink auf das (nicht nur) nächtliche Getümmel.

.....................................................

### ☾ Sport & Aktivitäten

#### Beachen und Baden
Der Stadtstrand vor der Ville d'Été ist oft rappelvoll. Zum Sehen und Gesehen werden ist die **Plage Péreire.** Für Surfer

wird es im Süden an der **Plage des Abatilles** interessant. Einen einsamen Platz findet man selbst in der Hochsaison an den endlosen Sandstränden entlang der **Südseite des Cap Ferret.**

### Auf hoher See
**Union des Bateliers arcachonnais** ❶
Bootsfahrten durchs Bassin d'Arcachon (2,45 Std.), zur Île aux Oiseaux (Birdwatching und Austernbänke, 1,45 Std.), ins Delta des Leyre-Flusses, zum Sonnen auf der Arguin-Sandbank vor der Dune du Pilat (Tagestour, ▶ S. 72), Fähre zum Cap Ferret im (Halb-)Stundentakt …
Jetée Thiers, im Sommer auch ab Le Moulleau, T 05 57 72 28 28, www.bateliers-arcachon.com

### Freie Fahrt für Drahtesel
**Locabeach** ❷
Räder, Elektrobikes und Motorroller. Tipp: Man kann das Rad in einer Filiale der Innenstadt ausleihen, die 220 km Radwege um das Bassin erkunden und anschließend das Rad bei einer anderen Filiale, etwa am Cap Ferret, abgeben.

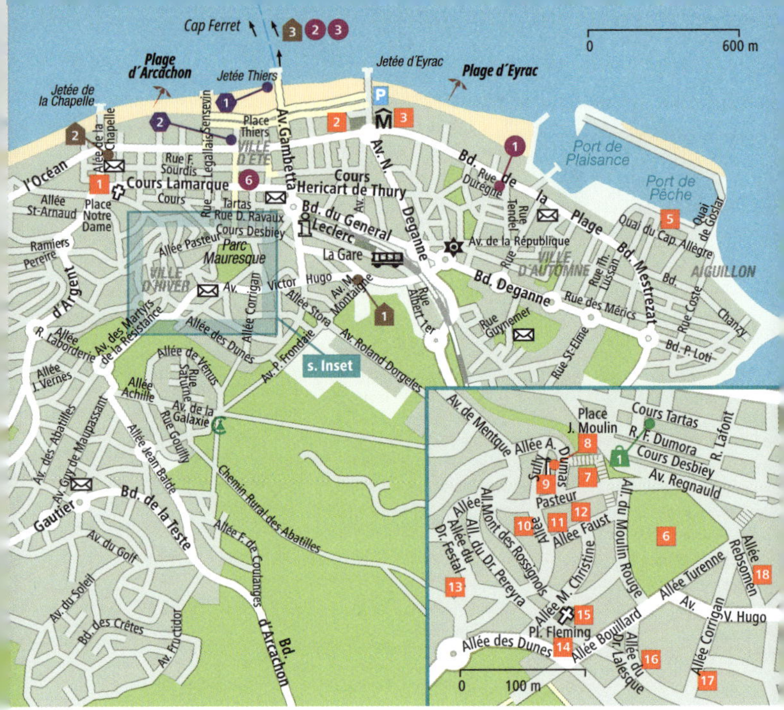

326, bd. de la Plage, T 05 56 83 39 64, www.locabeach.com, weitere Verleihstellen in Le Moulleau, Aiguillon, am Cap Ferret

## INFOS

**Office de Tourisme:** Esplanade Georges Pompidou, T 05 57 52 97 75, www.arcachon.com. Das Programm der vom Office de Tourisme angebotenen **Visites guidées** ist bunt und reichhaltig. Neben Belle-Époque-Villen steht sogar ein Bunker aus dem Zweiten Weltkrieg auf dem Programm.

## TERMINE

**18 heures de voile d'Arcachon:** Anfang Juli. Zum 5-tägigen Fest im Parc Pereire werden Tapasbars und Zeltrestaurants am Strand aufgebaut, Konzerte gegeben und die Nächte zum Tag gemacht. Mittelpunkt aber bleibt die 18-stündige Segelregatta.

**Fêtes de la Mer:** 14./15. Aug. Riesenpicknick am Strand, Prozession der Fischerboote, Konzerte, Feuerwerk – alles zum Abschluss der Saison.
**Festival Cadences:** Sept. Vier Tage lang wirbelt den Sand auf, wenn am Strand klassisches Tanztheater, Hiphop, Flamenco und afrikanischer Tanz dargeboten werden.

### Ü ÜBRIGENS

Keine Lust auf eine Austernbartour am Bassin d'Arcachon? Die **Oyster Bar** ⑥ von Olivier Laban erspart langes Suchen und noch längere Wege – denn sie liegt in der Markthalle. Ideal für den Aperitif mit einem Glas Wein oder ein improvisiertes Mittagessen mit Seeschnecken und Gambas (Pl. de Gracia, Mo–Sa bis 14 Uhr, Juli/Aug. auch abends, 12 Austern 16–31 €).

# Sahara am Atlantik –
## die Düne von Pilat

**Mit 102,50 m Höhe und 616 m Breite verteidigt die Dune du Pilat den Status als größte Düne Europas. Kein Wunder, dass das Sandgebirge direkt nach dem normannischen Mont St-Michel Frankreichs meistbesuchtes Naturwunder ist. Am frühen Morgen haben Sie die Sahara am Atlantik jedoch fast für sich allein.**

# 10

Seit 1974 steht die Düne unter Naturschutz. Zwar gibt es noch freie Zugangsmöglichkeiten, so etwa von der Plage de la Corniche in Pyla-sur-Mer. Dem fragilen Ökosystem tut man jedoch mit einer Erkundung der Düne abseits des offiziellen Zugangs keinen Gefallen. Die paar Euro, die der Parkplatz an der **Aire d'Accueil de la Dune du Pilat** `1` kostet, sind somit gut investiert.

## Die Düne wandert und wächst

Auf ihrer Rückseite ist die Düne besonders steil. Eine weiße Fiberglastreppe, die ein Schiffsbauer konstruiert hat und deren Stufenzahl (zuletzt 160) jedes Jahr der sich verändernden Düne angepasst werden muss, erleichtert den Aufstieg. Oben angekommen versinken die Schritte in Frankreichs feinstem Sand. Der würzige Duft des Pinienwalds vermischt sich mit der Salzbrise des Atlantiks. Jahr für Jahr arbeitet sich die Düne 1–4 m vor und verschluckt die vordersten Bäume. Nach Süden streckt sich der 2,7 km lange **Kamm der Düne** `2`. Ständig arbeitet der Wind an der Höhe des Sandgebirges, die Ende des 19. Jh. noch 80 m betrug. So haben zuletzt Stürme die 2017 noch rekordverdächtige 110,19 m hohe Düne auf aktuell 102,50 m gestutzt (2022) .

## Oh, island in the sun

Auf dem Weg zum Südhang der Düne schweift der Blick über die Bucht von Arcachon hinüber zum Cap Ferret. Im Meer gleißen gewaltige Sandbänke, deren größte, die Banc d'Arguin, das Ausmaß einer Insel hat. Das allerdings ändert sich je nach Gezeiten. Bei Ebbe umfasst die Sandbank 300, bei Flut nur 100 ha.

*Pilat ist eine Wanderdüne – im doppelten Sinne des Wortes …*

**ÜBRIGENS**

Pilat ist gascognisch und bedeutet ›Haufen‹, was in der Übersetzung reichlich untertrieben klingt. Die Übersetzung des Namens ›Dune du Pilat‹ macht es nicht besser – ›Haufendüne‹ … Für den Badeort am Fuß der Düne hat man sich daher für die Schreibweise Pyla entschieden.

## Mit den Füßen in der Brandung

Je weiter man den Kamm entlanggeht, desto einsamer wird es. Am Ende stapft man über die zum Meer relativ sanft abfallende Flanke hinunter zur **Plage Robinson Crusoe** ❸. Für den Rückweg geht es nun ca. 3 km weit immer am Strand entlang.

Der **Küstenfernwanderweg GR 8** ❹ ist größtenteils unter Sand begraben, doch verlaufen kann man sich ohnehin nicht: Rechts baut sich die Düne auf, links schwappt das Meer, und es geht immer geradeaus. Ab und zu versinken Betonungetüme im Sand. Die ehemaligen Bunker des 1942 von den deutschen Besatzern gebauten Atlantikwalls sind von der Dünenkrone heruntergerutscht und verschwinden allmählich im Meer.

## Rauf und wieder runter

Jetzt geht es ›düneauf‹: Der Aufstieg beginnt am nördlichen Ende der **Plage de la Corniche** ❺. Diesmal hilft keine Treppe, dafür ist die zur See gewandte Seite der Düne nicht so steil wie die zum Landesinneren. Oben angekommen geht es entweder über die Treppe oder ganz kommod durch den Sand hinunter zum Besucherzentrum und Start der Tour.

*N*
NOCH WAS

Wichtig zu wissen: Unterwegs gibt es weder Schatten noch eine Einkehrmöglichkeit! Nehmen Sie unbedingt Sonnenschutzmittel, Kopfbedeckung, Wasser und Proviant mit. Für den Aufstieg sollte man zudem etwas Kondition haben. Im **Infozentrum** ❶ erhalten Sie Broschüren und eine Karte der Region. Die Open-Air-Ausstellung »La Face cachée de la Dune« führt in Geschichte, Geografie, Fauna und Flora ein.

---

**INFOS/ÖFFNUNGSZEITEN**

**Syndicat Mixte de la Grande Dune** ❶: Aire d'Accueil de la Dune du Pilat, Rond-Point de la Dune (südl. von Pyla-sur-Mer Richtung Biscarrosse an der Kreuzung D218/D259), T 05 56 22 12 85, www.ladunedupilat.com, April–Juni 10–18, Juli/Aug. 10–20, Sept.–Nov. 10–12, 14–17 Uhr

**Parkplatz:** tgl. 7–2 Uhr, 30 Min. gratis, 4 Std. 4 €, 1 Tag 6 €, außerhalb der Saison 1 bzw. 2 €

---

**SCHWIERIGE VERSORGUNGSLAGE**

Es gibt nur ein paar **Imbisse** und **Läden** auf der Aire d'Accueil de la Dune du Pilat.

Pilat-Plage · Arcachon · Réserve naturelle du Banc d'Arguin · Dune du Pilat 108 m · GR 8 · Biscarrosse · Dune du Pilat · 0   500 m

**Faltplan:** C 10 | **Dauer:** ca. 1/2 Tag (6,5 km), Wanderung mit Badestopp am Strand

*Fischerhäuschen direkt gegenüber von Arcachon am Cap Ferret – Probleme mit Verkehrslärm haben die Bewohner hier definitiv nicht!*

## AUSFLÜGE VON ARCACHON

### Und es werden immer mehr …
Die **Réserve Ornithologique du Teich** (🗺 D 10) ist Heimat von sage und schreibe 323 Vogelarten! Die Maison de la Nature des Parks bietet Führungen an und verleiht Ferngläser.

10 km östl., www.reserve-ornithologique-du-teich.com, tgl. 10–18 bzw. 20 Uhr, 9,70 €

### Friedliches Nebeneinander
Das von der Atlantikdünung abgeschirmte **Bassin von Arcachon** (🗺 C 9/10) erinnert an ein Binnenmeer. Die Ufer teilen sich Austernzüchter und Badegäste. Im Westen schiebt sich eine über 10 km lange Sandzunge zwischen den Atlantik und das Bassin. Bunte Holzhäuser und Austernbars links, Dünen und makellose Strände rechts, dazwischen ein Sträßchen, das durch schattige Kiefernwälder führt und am Cap Ferret endet. Das Kap am Ende der 85 km langen Tour ums Bassin d'Arcachon hat sich zum schicken, sehr angesagten ›Land's End‹ mit Blick auf die Düne von Pilat entwickelt, deren Sandberge über der Meeresenge schimmern. Einen Leuchtturm gibt es natürlich auch – nach 258 Stufen ist die Aussicht von seiner Spitze ganz großes Atlantikkino.

www.bassin-arcachon.com, April–Mitte Sept. tgl. 10–12.30, 14–18.30, Juli/Aug. durchgehend, Okt.–Mitte Nov., Mitte Dez.–März Mi–So 14–17, 6 €

# Biscarrosse 🗺 C 11

**Mit Biscarrosse (14 300 Einw.) beginnt die Kette von Badeorten an den Sandstränden der Landes. Im Fall von Biscarrosse können nicht einmal die immensen militärischen Sperrgebiete im Norden und Süden dem Gefühl von endlosem Raum etwas anhaben. Wie bei den meisten Küstenorten der Landes teilt sich das radfahrerfreundliche Städtchen in das eher stille Hauptdorf und den sommers umtriebigen, flach bebauten Strandort. ›Biskar‹ bedeutet auf Gascognisch Düne: Sandberge gibt es am Strand zuhauf, Wald ebenfalls – 13 500 ha Forst gehören zur Kommune – und zwei riesige Seen.**

### Die Hauptstadt der Wasserfliegerei
Im **Musée de l'Hydraviation**, dem einzigen europäischen Museum zur Geschichte des Wasserflugzeugs, wird an die Pionierrolle des Badeorts für die

Wasserfliegerei erinnert: 1930 wurde am Étang de Biscarrosse eine Versuchspiste für Wasserflugzeuge angelegt. Im Ort wurde zudem nach dem Zweiten Weltkrieg mit der »Latécoère 631« das größte Wasserflugzeug aller Zeiten gebaut, es verband Biscarrosse mit New York und der Antillenmetropole Fort de France. 1954: *fini*. Jetzt stehen die ›Luxusdampfer der Lüfte‹ für immer im Museum.

332, av. Louis-Bréguet, www.hydravions-biscarrosse.com, Juli/Aug. tgl. 10–19, sonst Di–So 14–18 Uhr, 10 €

### Vom Museum in den Sumpf
Das **Musée des Traditions et de l'Histoire** ist ein nettes, kleines Heimat- und Geschichtsmuseum. Gezeigt wird auch die Waldhütte eines *résiniers,* der die Kiefern der Landes um ihr wertvolles Harz geschröpft hat. Der dickflüssige Saft (*résine* = Harz) wurde bei der Herstellung von Farben und Lacken, Gummi und Pharmazeutika benötigt – bis die Chemie dem Naturprodukt Konkurrenz machte. Und nun ab in den Nachen. Die *bateliers* (Bootsführer) des Museums bieten zwei Touren durch die nahen Sümpfe mit den flachen Booten an, Thema: die Fauna und Flora der Sümpfe im Küstenhinterland.

216, rue Louis-Bréguet, www.museetraditions.com, Mai/Juni, 1. Sept.–1. Okt.-Hälfte Di–Sa 14–18, Juli/Aug. tgl. außer So morgens 9.30–19 Uhr, sonst n. V., 5 €; Bootstouren: 1,5–2 Std., 13 € inkl. Museumseintritt

### ⌂ Schatten unter Seekiefern
**Camping Le Vivier**
Biscarrosse-Plage ist eine Camperhochburg. Dieser Platz überzeugt mit viel Schatten unter Seekiefern, Pool, Radverleih, Kinderclub. Und liegt nur 700 m vom Strand entfernt. Ebenfalls vermietet werden Bungalows und Mobile Homes.

681, rue du Tit, Biscarrosse-Plage, T 05 58 78 25 76, Mai–Mitte Sept. | € (verschiedene Anbieter online)

### ⌂ Hideaway hinter Holzpalisade
**Le Comptoir des Sables**
Hinter der grauen Holzpalisade verbirgt sich eine Sommervilla mit einem halben Dutzend komfortabler, modern eingerichteter Zimmer. Je mit eigener Terrasse und zusätzlicher Außendusche zum Garten.

34, av. de la Libération, Biscarrosse-Plage, T 05 58 78 35 20, www.lecomptoirdessables.fr | €€–€€€

### ⌂ Design ist das Schlüsselwort
**Hype Hotel**
Der Hotelneubau setzt mit nüchternen und zugleich heiteren Noten neue Maßstäbe im alten Dorf. Und der Hype ist da.

40, rue du Lieutenant-de-Vaisseau-Paris, Biscarrosse-Village, T 05 58 07 36 35, www.hypehotel.fr | €€

### ⬤ Nicht an der, sondern am See
**La Caravelle**
Herzhafte Regionalküche (hausgemachte Fischsuppe!) in einem Weiler am Ufer des Étang de Cazaux et de Sanguinet. Traumhaft: die Plätze mit Blick aufs Wasser.

5314, rte. des Lacs, Ispe, T 05 58 09 82 67, www.lacaravelle.fr, außer Juli/Aug. Mo mittags, Nebensaison auch Di mittags geschl.; mit netten Zimmern | €€

### ⬤ Cool und köstlich
**Histoires de ...**
Rindertatar mit Olivenöl und grobem Salz, Thunfisch-Tataki, Gambas am Spieß, Risotto – und dazu eine junge Equipe im angesagten Restaurant am Seeufer.

18, chemin de Maguide, Port-Maguide (Étang de Cazaux-Sanguinet), T 05 58 78 57 43, www.histoiresde.com, April–Okt. tgl. | €€

**N NOCH WAS**

Glauben Sie an **Außerirdische?** In Arès, einem Dorf am Nordufer des Bassin, scheint man von deren Existenz überzeugt zu sein. 1976 weihte der Bürgermeister einen Landeplatz für fliegende Untertassen ein, genannt ›Ovniport‹. Die Gedenkstelle befindet sich neben dem Office de Tourisme, wo man auf Besucher aus egal welcher Galaxie vorbereitet ist.

### ☼ Mehr Ibiza als Idylle
**Idylle Café**
Die angesagteste Adresse weit und breit!
Holzhütten und Bohlen in Rot-Weiß,
niedrige Tische, Sessel, Pflanzenkübel sind
direkt auf den Sand gesetzt. Die Musik ist
eine für die Lounge und zum Knabbern
beim Cocktail gibt es Tapas.
Am Strand von Port-Maguide (Étang de Cazaux
et de Sanguinet), T 05 58 09 87 14, Mitte März–
Anfang Okt. 10–2 Uhr

### ☾ Beachen und Baden
Die 15 km Atlantikstrand mit Dünen und
Wellenbrechern bieten in der Hochsaison, wenn die Zahl der Urlauber die
100 000er-Grenze erreicht, immer noch
das eine oder andere stille Plätzchen.
Kinderfreundlich, weil ohne große Wellen,
sind die Strände am **Étang de Cazaux
et de Sanguinet,** dessen nördliche

*Picknicken am See von Biscarrosse
macht Spaß, den Großen und den
Kleinen.*

Seehälfte militärisches Sperrgebiet ist. Der
**Étang de Biscarrosse-Parentis** gilt als
besonders fischreich. Kinderfreundlich ist
hier der Strand mit Spielgeräten auf Höhe
des Musée de l'Hydraviation (▶ S. 74).
Längs des Ost- und Südufers verlaufen
Wanderwege und Radpisten, die sich zum
deutlich kleineren **Étang d'Aureilhan**
(7 km südl.) verlängern.

### ☾ Surfen und Bodysurfen
**Point Break**
Die Kurse im Surfen und Bodyboard sind
ein Renner, trotz der großen Konkurrenz.
272, rte. des Sables, T 05 58 09 71 59, www.
surfbiscarrosse.com

### ☾ Radfahren
Es gibt zehn ausgeschilderte **Radrou-
ten** und einen Wegeplan im Office de
Tourisme. **Radverleihstationen** in
Biscarrosse-Village (Cycles Brogniez) und
in Biscarrosse-Plage (Au vélo pour Tous,
Loisirs Boulevard). Je nach Anbieter und
Modell 10–14 €/Tag, 49–56 €/Woche.

### ☾ Klettern und Hangeln
**Bisc'Aventure Parc**
Zwölf Parcours durch die Baumkronen,
inkl. Bungeejumping und Free Jump aus
5 bzw. 7,50 m Höhe auf eine riesige
Matratze. Ab 4 Jahre.
Rte. de la Plage, Biscarrosse-Plage, Mitte Feb.–
Nov., www.biscaventure.fr, je nach Alter 14–23 €

### ❶ Infos
**Office de Tourisme:** 55, pl. Georges Dufau, T 05 58 78 20 96, www.
biscagrandslacs.com

# Mimizan  🗺 B/C 12

**Ein Hauch Kalifornien, eine Prise
große Freiheit, das Gefühl von
endlosem Sommer. Diese Mischung
prägt Mimizan-Plage, den Strand-
ausleger von Mimizan-Bourg etwas
tiefer im Hinterland. Beide Orts-
teile trennt der 7 km lange Courant
de Mimizan, ein Wasserlauf, der
sich aus dem Étang d'Aureilhan
speist. Ergibt zusammen einen der**

umtriebigsten, jüngsten, sportlichs-
ten Badeorte (6900 Einw.) an der
Côte d'Argent. Apropos ›Argent‹:
›Silberküste‹ wird die Küste der
Landes wegen ihres silbernen
Lichts genannt. Vom Lichtzauber
am Atlantik ist es nur ein Kat-
zensprung in die Einsamkeit des
Naturparks der Landes (▶ S. 81).
Und gefühlt doch eine Weltreise.

### Das Gedächtnis von Mimizan
Dass Mimizan schon vor der Surferwelle
seine Daseinsberechtigung hatte, zeigen
das **Musée-Prieuré de Mimizan**
(39, rue de l'Abbaye, Mimizan-Bourg,
www.musee.mimizan.com, März–Nov.
Mi–Fr 14.30–18, im Sommer auch Sa,
Voranmeldung empfohlen, T 05 58 09
00 61, 4 €, unter 14 Jahren gratis) und
die **Maison du Patrimoine** (Mitte
Juni–Mitte Sept. Mo–Fr 9–12, 14–17
Uhr, sonst n. V., 2 €, Kombiticket mit
Kirche 5 €) daneben. Von der einstigen
**Benediktinerabteikirche** am Ortsrand
von Mimizan-Bourg in Richtung Strand
blieben zwar nur ein Portal aus dem
13. Jh. und Wandfresken aus dem
15. Jh., doch beide gehören als Teil des
Jakobswegs zum Welterbe der UNESCO.
Die benachbarte Maison du Patrimoine
ergänzt den Besuch um weltliche Dinge
des Alltags: Werkzeuge und Modelle
erklären das traditionelle Leben der
Schäfer und Harzsammler. Von März bis
September wird im **Forsthaus Leslur-
gues** in Mimizan-Plage Sud vorgeführt,
wie das Harz aus den Kiefern gewonnen
wurde (März–Sept. Do 10–12 Uhr).

### Churchill, Chaplin, Chanel
Von Aureilhan hat man einen zauber-
haften Blick auf den dicht vom Grün
eingefassten **Étang d'Aureilhan,** der
sich nördlich von Mimizan-Bourg an
die D 87 schmiegt. Auf der Westseite
erhebt sich der **Manoir de Woolsack**
(1910, privat), in den der Herzog von
Westminster Churchill, Chaplin und
Chanel eingeladen hat. Um den See
führt die **Promenade Fleurie,** ein botanischer Pfad mit 300 teils blühenden
Pflanzenarten.

Av. du Lac, Mai–Sept. 8–22.30, sonst 8–18 Uhr,
gratis, Führungen Juli/Anfang Sept. Di

### ⌂ Life is a beach
**Camping Municipal de la Plage**
Die Lage macht's: Der Platz mit seinen
über 600 Plätzen liegt ruhig zwischen
Strand und Kiefernwald. Und wird gut
geführt. Es gibt einen kleinen Supermarkt
und einen Imbiss mit Bar.

Bd. de l'Atlantique, T 05 58 09 00 32, www.
camping-mimizan-plage.com, auch Mobile
Homes | €

### ⌂ Meeresrauschen und Mehrwert
**Hôtel Atlantique**
Frische, freundliche Zimmer, unter dem
Dach sogar drei mit Seeblick, und immer
mit Meeresrauschen. Ein Plus für Biker:
die Radgarage.

38, av. de la Côte d'Argent, T 05 58 09 09 42,
www.atlantique-mimizan.fr | €–€€

### ⌂ Ganz aus Holz, ganz modern
**Hôtel de la Plage**
Charmantes Hotel mit Holzveranda und
im Stil traditioneller Häuser der Landes
ganz aus Holz hinter den Dünen, am Ende
eines Waldwegs – das macht ein sehr
sympathisches Hideaway. Coole Zimmer
mit Designnote, Loungemusik im Patio.

In Contis-Plage, Av. de l'Océan, T 05 58 42 70 15,
www.hotelplagecontis.com | €€–€€€

**ÜBRIGENS**

Warum **Coco Chanel** ihre
Näherinnen zum Entspannen in die
firmeneigene Feriensiedlung an die
›Silberküste‹ schickte? Weil die
Modemacherin so ganz nebenbei
beim Herzog von Westminster in
seinem Manoir de Woolsack am See
vorbeischauen konnte. Denn vielleicht
waren ja der König von Schweden,
Charlie Chaplin oder Churchill dort
auch gerade zu Gast.

# # 11

# Hühnerhaus, Herren-haus – **das Freilicht-museum Marquèze**

**Bis zur Mitte des 19. Jh. waren die Landes ein fast menschenleeres Ödland. 1857 erließ Kaiser Napoleon III. ein Dekret, das die Aufforstung vorschrieb. Wie der Alltag vor dem general-stabsmäßig umgesetzten Dekret aussah, erhellt ein Besuch im Écomusée de Marquèze, lebendig und ohne falsche Folklore.**

*Im Écomusée gibt es sie noch: echte Natur-burschen.*

Zahlreiche **Veranstaltungen** locken im Jahresrhythmus: Scheren der Schafe Mitte/Ende Mai, Johannisfeuer mit Fest um den 24. Juni, Roggenernte Ende August. Natürlich jeweils so, wie man es vor 150 Jahren gehalten hat.

Das Dekret war die Geburtsstunde des größten zusammenhängenden Waldes in Europa, des über 1 Mio. ha umfassenden Forêt des Landes. Dass die Landes jedoch mehr als nur Kiefernwald bedeuten, erfährt man in **Sabres,** wo der Wagen am **alten Bahnhof** [1] stehen bleibt. Weiter geht es mit der nostalgischen Museumsbahn zum 5 km entfernten **Écomusée de Marquèze** [2].

## Abstecher in die Vergangenheit

Das Freilichtmuseum umfasst 70 ha im Herzen des Naturparks **Parc Naturel Régional des Landes de Gascogne,** der sich über stolze 315 300 ha ausdehnt. Bei der Ankunft können Sie wählen, ob Sie mit einem Guide das Areal erkunden oder lieber auf eigene Faust. Uralte Eichen und knorrige Apfel- und Pfirsichbäume spenden Schatten auf dem *airial,* einer Art Lichtung, die als Dorfplatz diente. Weit verstreut liegen Scheunen, Ställe, Herrenhaus auf der von Schafen kurzgehaltenen Grasfläche.

Der Rundgang beginnt mit der **Basse-Cour,** einem Areal, in dem Kleinvieh gehalten wurde. Typisch ist das Hühnerhaus, dessen steile Leiter das Federvieh vor Füchsen schützt. Erstaunlich groß ist die **Maison du Mineur,** das Haus eines relativ vermögenden Bauern in Fachwerkbauweise.

Vorbei am Schafstall geht es zur **Maison du Métayer:** Weinlaub ziert die bescheidene Fachwerkkate, deren Balken wie in den Landes üblich senkrecht stehen. Hausherr war ein Pächter, der vom Bauern ein Stück Land erhielt, für dessen Nutzung er mit Arbeitsdiensten, Naturalien oder einer Pacht zahlte. Wie an jeder anderen Station informiert eine Stimme aus einem kaschierten Lautsprecher über Details aus dem Alltag.

Ein üppig blühender Bauerngarten ziert die **Maison du Maître,** unter deren ausladendem Dach ein grundbesitzender Bauer lebte. Himmelbetten und mit Schnitzarbeiten verzierte Schränke belegen den Wohlstand. Wichtigstes Zeichen für den sozialen Stand des Hausherrn aber ist der *auvent,* eine von einem Vordach geschützte, zur Giebelseite offene Veranda. Am Bach Escamat entlang geht es zur **Mühle,** dem lauschigsten Ort des Freilichtmuseums.

## Gemütlich in die Zukunft zockeln

Nach der Rückkehr mit dem Zug zum alten Bahnhof von Sabres ist noch nicht Schluss. Auf der anderen Seite der Gleise liegt die futuristische, ganz mit Kiefernholz verkleidete **Pavillon de Marquèze** . Innen zeichnet ein interaktiver Rundgang die Geschichte der Landes vom dörflichen *airial* zum industriell genutzten Forst nach. Hinzu kommt jedes Jahr eine Sonderausstellung – macht einen gelungenen Abschluss der überhaupt nicht musealen Tour.

▶ INFOS

Mehr über den Naturpark erfahren Sie unter: **www.parc-landes-de-gascogne.fr**

**Ü**
*ÜBRIGENS*

*Estanquet* heißen die traditionellen Dorfgasthäuser der Gascogne. **Estanquet** ist auch der Name eines neuen Lokals im Museum , wo man unter alten Eichen für kleines Geld einen Teller mit typischen Produkten (8–12 €) und ein Glas Tursan- oder Chalosse-Wein genießen kann.

---

INFOS/ÖFFNUNGSZEITEN

**Ecomusée de Marquèze** 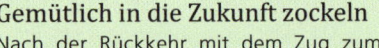: Sabres, Rte. de Solférino, T 05 58 08 31 31, www.marqueze.fr, Kernöffnungszeiten April–Anfang Nov. Di–So, 10–18 Uhr (12–13.40 Uhr Kassenpause, letzter Einlass 16.10, letzter Zug zurück 18.10 Uhr), Juli/Aug tgl. ohne Kassenpause, 14 €, Züge alle 40 Min., Führungen gratis

---

WIE BEI MUTTERN

Zum Entspannen lädt das entschieden modern gehaltene **Table du Marquèze** ① mit Terrasse zum Wald und regionaltypischen Klassikern wie Bauernhähnchen im Steinguttopf ein. Alle Zutaten stammen aus bäuerlichen Betrieben der Region (T 05 58 07 59 44, nur mittags

passend zu den Öffnungszeiten des Écomusée, €–€€).

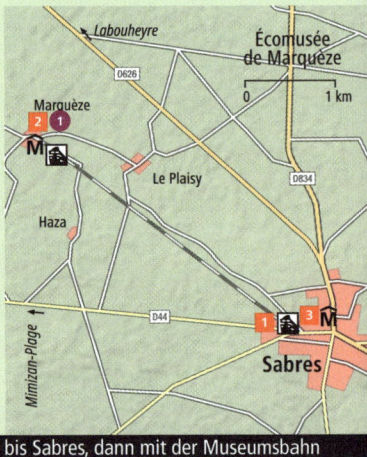

### 🛑 Seine Freunde, die Bäume
**L'Emeraude des Bois**
Etwas außerhalb (10 Min. zu Fuß vom Zentrum), von dicken Bäumen umgeben und direkt am Radweg gelegen, verfängt das blütenweiße alte Haus durch seine schöne Fassade und mehr noch durch die traditionelle Küche der Landes. *Bon appétit!*

In Mimizan-Plage, 66–68, av. du Courant, T 05 58 09 05 28, www.emeraudedesbois. com, Okt.–März geschl., nur abends; auch Zimmer | €€

### 🛑 Austern satt
**Le Bar à Huîtres**
Und nicht nur Austern! In der netten, familiengeführten Restaurant-Bar gibt es alle Meeresfrüchte, die der Atlantik bereithält – frisch und köstlich! Übrigens auch zum Mitnehmen auf Vorbestellung.

24, Rue du Pont, T 05 58 07 36 81, https://le-bar-a-huitres.eatbu.com, Hauptsaison tgl. | €€

### ✡ Livemusik zum Apéro
**L'Orchestra**
Die nette Weinbar liegt direkt hinter dem Strand und ist ideal für den Aperitif mit Tapas und Cocktails. Es gibt regelmäßig Konzerte.

In Mimizan-Plage, 16, rue du Casino, April–Dez. 10–14, 17.30–2 Uhr, sonst nur Fr–So geöffnet

### ✡ Bastion der Biertrinker
**Le Bock Trotter**
200 Biere auf der Karte können bei der Bestellung verwirren, aber Patronne Isabelle berät ihre Gäste gern. Die Biere kann man übrigens auch mitnehmen, und der Strand ist ganz nah.

In Mimizan-Plage, 48, pl. du Marché, T 05 24 27 63 06, Mitte Juni–Mitte Sept. tgl. 10.30–2 Uhr, März–Mitte Juni, Mitte Sept.–Dez. Mo/Di geschl.

### 🌀 Baden und Beachen
Mimizan hat fünf in der Saison überwachte, regelmäßig gereinigte Strände. An der **Plage Remember** im Norden ist FKK teils erlaubt. Die **Plage Garluche** liegt direkt am Ort. Die **Plage Sud** lockt mit dem Wald da-

hinter. An der **Plage du Courant** sind die Wellen sanft – ideal für Familien mit Kindern. Die **Plage Lespecier** im Süden mit ihren Picknickplätzen und einem Spielplatz ist über den Radweg bequem zu erreichen.

### 🌀 Surfen beim Champion
**Mimizan Surf Academy**
Unter den drei Surfschulen in Mimizan-Plage die renommierteste. Dahinter steht Nicolas Capdeville, mehrfacher französischer Champion im Surfen und Weltmeister im Bodyboard. Einzel- und Gruppenkurse, Materialverleih.

In Mimizan-Plage, T 05 58 09 51 26, www.mimizansurfacademy.com, Ostern–Allerheiligen

### 🌀 Kanu und Kajak
**Cercle Nautique**
Gepaddelt wird auf dem Étang d'Aureilhan hinter der Küste. Aber der See ist fast so groß wie das Meer.

Base nautique Quartier Woolsack (D 87, am Étang d'Aureilhan), T 05 58 82 31 82, https:// cercle-nautique-mimizan.org, Feb.–Okt.

### 🌀 Wandern im Wald
Es gibt rund um Mimizan 30 km ausgeschilderte und thematische Wanderwege. Besonders schön sind die **Waldrundwege** um die Maillouey-re-Teiche (3,6 km) und der beim Weiler Pontex-les-Forges (östl. von Mimizan, 6 km).

### 🌀 Mit dem Rad zur Beach
Ein Netz von **35 km Radpisten** verbindet Mimizan mit dem Umland. Ausgesprochen schön sind die Piste des Dunes von Mimizan-Bourg an den Strand (5 km) oder die von Mimizan-Plage an den Lespecier-Strand (5 km). **Radverleih.**

Cyclo'Land in Mimizan-Plage, 8, rue du Casino, T 05 58 09 16 65, und Mimizan-Bourg, Av. Claude-Monet, April–Sept. tgl. 9–20 Uhr

### ❶ Infos
**Office de Tourisme:** 38, av. Maurice Martin, Mimizan-Plage, T 05 58 09 11 20, www.mimizan-tourisme.com

*Der Küstenwald an der Côte d'Argent schützt das Land vor Wind und Wander-
dünen und schmückt nebenbei noch die Aussicht.*

## IN DER UMGEBUNG

### Im Zeichen des Leuchtturms

Wahrzeichen von **Contis-Plage** (24 km
südl., www.contis-vacances.com, 🗺
B 12) ist der 42 m hohe Phare de Contis,
der einzige Leuchtturm an der Küste der
Landes. Von seiner Spitze erscheint der
Atlantik ebenso endlos wie der Wald
(April–Sept. Fr–So 14–18, Juli/Aug Di–So
10–18 Uhr, 3 €). Die größte Attraktion
des schnuckeligen Badeorts aber bleibt
der Courant de Contis. Den Wasserlauf
kann man mit dem Kanu befahren (Ab-
fahrt an der Base Atlantis Loisirs de Contis, Juli/Aug. tgl. 10–16.30 Uhr am Pont de
Rose, der Brücke über den Fluss kurz vor
Contis-Plage; www.atlantisloisirs.fr).

### Menschen? Fehlanzeige!

Der **Parc Régional des Landes de
Gascogne** (🗺 C–F 9–13) umfasst
unglaubliche 315 300 ha im Herzen der
Landes-Wälder. Ganze 60 000 Menschen
leben im Naturpark der gascognischen

Landes. Das Gebiet reicht im Norden ans
Bassin von Arcachon, im Westen an die
N 10, im Süden bis fast an Mont-de-Mar-
san. Neben endlosen Rad- und Wander-
wegen ist das **Écomusée de la Grande
Lande** mit seinen drei Standorten in
Sabres (▶ S. 78), Luxey (Ateliers de
produits résineux, ehemalige Verarbeitung
von Harz) und Garein (Graine de Forêt,
Ausstellung zur Forstwirtschaft) die
Hauptattraktion.

Maison du Parc, 33, rte. de Bayonne, Bélin-Béliet,
www.parc-landes-de-gascogne.fr

# Vieux-Boucau-les-Bains 🗺 B 14

**Port-d'Albret lautet der ursprüng-
liche Name des Küstenorts (1600
Einw.). Dann aber verlagerte der
Adour im 16. Jh. seine Mündung
nach Bayonne und der Ort bekam
einen neuen Namen: Vieux-Boucau
bedeutet ›alte Mündung‹. Mit**

# 12

# Vom Amazonas an den Nil – **der Courant d'Huchet**

**Schilf und Wald säumen den Étang de Léon, dessen Wasser in Richtung Atlantik abfließt. Courant d'Huchet heißt der Wasserlauf, der den im Sommer 25 °C warmen See mit dem Atlantik verbindet. Anfangs erinnert er an den Amazonas, kurz vor der Mündung dann eher an den Nil.**

Nördlich von Léon stehen zwei Holzpavillons am Ufer des Lac de Léon: Im linken zeigt die **Maison de la Réserve**  eine Schau zum Ökosystem des amphibischen Naturschutzgebiets, in dem Otter, Bisamratte, Eisvogel, Weißreiher, Zwergdommel und Natter beheimatet sind. Rechts daneben steht der **Pavillon des Bâteliers 2**, durch den man zu den bunten Bötchen gelangt. Es geht zunächst über die spiegelglatte Weite des **Sees 3** ans westliche Ufer, wo der **Courant d'Huchet 4** das Wasser des Lac de Léon in Richtung Atlantik abfließen lässt.

## Alles aussteigen, bitte!

Mehr und mehr verengen sich die sumpfigen Ufer, bis eine hölzerne Sperre den Wasserlauf zu verriegeln scheint. Der *bâtelier* aber fädelt das Boot geschickt durch eine Lücke zwischen zwei Holzbalken der ehemaligen Aalfischerei **La Nasse 5**. Immer näher rücken die Ufer und damit die Bäume des dichter werdenden Waldes ans Boot. Der *bâtelier* weist auf rosa blühenden Sumpfhibiskus, seltene Farnarten und bis zu 40 m hohe Kahlzypressen hin.

Mit Pinien und Korkeichen befestigte Steilufer verbergen am **Pas du Loup 6** ehemalige Dünen. Dann umrundet das Boot eine bewaldete Flussinsel: Es geht zurück und kurz vor der Aalfischerei heißt es aussteigen. Ein paar 100 m müssen am Ufer zu Fuß bewältigt werden, da die Strömung zu stark ist.

## Birdwatching und Badespaß

Für den zweiten Teil der Tour fährt man vom Lac de Léon nach Moliets-et-Maa, wo die D 328

*P*
*PADDELN*

Um 1920 kamen die ersten Touristen, um sich von den Fischern aus Léon auf flachen Booten den Lauf hinunter- und wieder heraufpaddeln zu lassen. Heute haben professionelle **Bootsführer** das anstrengende Geschäft übernommen (www.ba teliers-courant-huchet.fr, April–Sept., Bootstouren 2 Std. 15 €/Pers., 3 Std. 20 €/Pers., 4 Std. 25 €/Pers., frühzeitig reservieren!). Der frühere Staatspräsident François Mitterrand ließ sich ab und zu in aller Herrgottsfrühe den Wasserlauf hinunterpaddeln, um auf klare Gedanken zu kommen.

zum Pavillon der **Réserve Naturelle Pichelèbe** [7] abzweigt. Im Holzpavillon werden sommers Sonderausstellungen zum Naturschutzgebiet gezeigt. Am Parkplatz beginnt der Wanderweg entlang des unteren Courant d'Huchet, der nach 4 km vor den gewaltigen Dünen und Wellen des Atlantiks endet.

Zunächst geht es durch einen schattigen Korkeichen- und Pinienwald. Erst allmählich verrät sich der nahe Atlantik durch dumpfes Wellenrollen. Am **Marais de la Pipe** [8] lädt eine Schutzhütte zum Birdwatching ein. Mit etwas Glück tummeln sich Enten, Weißreiher oder Möwen im Sumpfgebiet vor der Hütte. Das Gehen wird mühsamer, der Boden sandiger. Kiefern säumen nun goldgelbe Dünen, unterhalb derer sich der Fluss durch das Schilf schlängelt – aus dem Amazonas ist der Nil geworden.

Die Dünen werden höher, das Krachen des Atlantiks brachialer. Schwungvoll umrundet der Wasserlauf die Sandberge, bis man auf Höhe seiner **Mündung** [9] auf den Strand trifft und die Häuser von **Moliets-Plage** [10] über den Dünenkamm ragen. Nach einem Bad im Meer oder einer Pause im Ort geht es über denselben Weg zurück zum Ausgangspunkt.

**NOCH WAS**

Kleine **Kinder** dabei? Das seichte Wasser des Étang de Léon ist eine Alternative zum tosenden Atlantik. Am Ufer sind Strände angelegt, so in Sichtnähe zum Ableger der *bâteliers* und am Nordufer bei Vieille – ideal für Familien.

*Leider vom Aussterben bedroht: der schöne Eisvogel.*

---

INFOS/ÖFFNUNGSZEITEN

**Maison de la Réserve** [1]: Léon, 374, rue des Berges du Lac, T 05 58 48 73 91, www.reservenaturelle-couranthuchet.org, April–Sept. tgl. 10–12, 14–17 Uhr, sonst Sa/So geschl., Eintritt frei, Wanderkarte 1 €. Geführte Wanderungen zu festen Terminen, 5 €/Pers
**Chalet de Pichelèbe** [7]: tgl. außer Mo u. Fr 14–17 Uhr

LECKER MUSCHELN AM STRAND
Wandern macht hungrig. Gut, dass es die **Cave aux Moules** gibt. Das beste Muschelrestaurant in Moliets-Plage [10] hat aber leider einen Nachteil: Die Schlange der Wartenden ist oft lang

(Avenue de l'Océan, T 05 58 48 54 05, Mai–Okt. tgl., €).

*St-Girons*

*Étang de Léon*

**Réserve Naturelle du Courant d'Huchet**

*Cout de Mountagne*

*Léon*

D328

D652

*Courant d'Huchet*

*Moliets-et-Maa*

0    2 km

---

**Faltplan:** Karte 2, B 13 | **Dauer:** 1 Tag, 2 Std. Bootsfahrt, 8 km Wanderung, Badepause

*So sehen glückliche Finder aus. Mit dem Metalldetektor bewaffnet, gibt es so einiges zu entdecken.*

**dem Badetourismus erwachte Vieux-Boucau zu neuem Leben. Auch Port-d'Albret gibt es wieder: So heißt der Ferienkomplex am 60 ha großen Salzsee des Orts. Für reichlich Exotik sorgt im Norden der Lauf des Courant d'Huchet, den man auf einer geführten Tour im Nachen erkunden kann (▶ S. 82).**

### ⌂ Meeres-Camping
**Camping Les Oyats**
Der 4-Sterne-Platz mit 500 Stellplätzen und jeglichem Komfort liegt mitten in der Natur, 500 m vom unberührten Strand entfernt. Das Freizeitangebot ist riesig: Bogenschießen, Ponyreiten, Bouleplatz, Rad- und Surfverleih, Tennisplatz, Freibad und ein Open-Air-Kino.
Rte. de la Plage des Casernes (an der D 337 von Seignosse in Richtung Strand), T 05 58 73 53 96, www.campinglesoyats.fr, Mai–Sept.; auch Mobile Homes | €

### ⌂ Wald-Leben
**L'Orée de la Forêt**
Das Haus im puristischen Landes-Stil ist von 5 ha Kiefernwald umgeben – und ein Privatteich gehört auch dazu. Die fünf Gästezimmer haben je einen eigenen Eingang ins Haus. Im Garten wartet die Sommerküche darauf, benutzt zu werden.
In Seignosse, 536, impasse des Tonnes, T 05 58 49 81 31, www.loreedelaforet.com | €€

### ⌂ Wachgeküsst
**La Maison de la Prade**
Lange hat das zauberhafte Jugendferienheim aus der Art-déco-Zeit leer gestanden. Dann wurde es als komfortables und zeitgemäßes ›Hôtel de charme‹ wiedererweckt. Alle Zimmer gehen zum Wald oder zum Pool. Die Einrichtung ist wohltuend nüchtern, zum Strand sind es 900 m.
In Messanges, Av. de la Plage, T 05 58 48 38 96, www.lamaisondelaprade.com | €€–€€€

### ◉ See-Küche
**Auberge Batby**
Familienbetrieb am See von Soustons. Geboten wird echte Terroir-Küche wie gefülltes Perlhuhn oder Ente mit Steinpilzen. Ungewöhnlich ist die *cassouhuète*, ein Cassoulet mit Erdnüssen lokalen Anbaus.
63, av. Galleben, T 05 58 41 18 80, www.aubergebatby.fr | Formule € (mittags), €€€; mehrere angenehme Zimmer €€–€€€

### ◉ Was die Scholle hergibt
**Auberge Dehiou**
Ein Landgasthof, wie man sich's wünscht: Im netten Saal wird die Küche der Landes hochgehalten: Entenbrust, Kartoffelgratin, Crème Caramel und und und …
In Soustons, Costemale (ca. 5 km in Richtung Magescq), T 05 58 41 57 02 | €€

### 🏠 Erdnüsse, Enten und Spargel
**La Ferme Darrigade**
Bei den Darrigade, ihres Zeichens Entenzüchter in fünfter Generation, findet man ebenfalls alles, was die sandige Scholle der Landes hergibt. Als da wären Spargel und … Erdnüsse! Aber auch die Entenprodukte sind sehr lecker.
In Soustons, D 17 in Richtung St-Geours-de-Maremme (2 km außerhalb), T 09 77 73 60 56, www.ferme-darrigade.fr, Mo–Sa

### 🔒 Baskisches im Streifenlook
**Artiga**
Der Fabrikladen der berühmten baskischen Tuchmacherei ist eine Fundgrube für Tischwäsche im typischen Streifenlook.
In Magescq, 5, rue Bremontier, T 05 58 47 62 34, www.artiga.fr, ganzjährig Di–Fr 10–12.30, 14–18, Sa 10–12.30, 14.30–18 Uhr

### 🌀 Sand und noch mal Sand
**Grande Plage** heißt der endlose Sandstrand direkt am Ort. Ruhiger ist die **Plage des Sablières** im Norden. Für Kinder relativ ungefährlich sind die Strände in **Port-d'Albret** am See. Einsam und mit garantiertem Robinson-Feeling ist die **Plage des Casernes** 8 km südlich.

### 🌀 Warten auf die perfekte Welle
**Vieux-Boucau Surf Club:** Hier lernt man, wie man die perfekte Welle perfekt nimmt. Materialverleih, Kurse mit staatlich anerkannten Ausbildern.
Plage Nord, T 05 58 48 29 33, www.surfclub-vieuxboucau.com, ganzjährig

### 🌀 Rauf aufs Rad
Ausgeschilderte Pisten u. a. nach Soustons und Seignosse. **Radverleih Locacycles** (19, Grande Rue, T 05 58 48 04 79, www.locacycles.fr).

### ⓘ Infos
**Office de Tourisme:** 11, promenade du Mail André-Rigal, T 05 58 48 13 47, www.tourisme-vieuxboucau.com

## IN DER UMGEBUNG

### Zwei Seen, zwei Farben
**Étang Blanc und Étang Noir**
Der **Étang Blanc,** der größere der beiden Seen bei Seignosse (im Süden von Vieux-Boucau-les-Bains, 📖 B 14), lässt sich über einen Uferweg erkunden. Ein Kanal verbindet ihn mit dem Naturschutzgebiet des **Étang Noir,** der mehr dunkler Sumpf (daher der Name!) als See ist und über 400 Pflanzenarten versammelt. Dank eines Holzstegs *(passerelle)* mit Aussichtspunkten gelangt man trockenen Fußes über den feuchten

Grund. Die **Maison de la Réserve** am Anfang der Passerelle ist Infozentrum und bietet Führungen auch speziell für Familien mit Kindern an.
T 05 58 72 85 76, Juli–Aug. Mo–Fr 10–19, So 10–17, Führungen Juli–Sept. Di, Do 9.30, 14, Mi, Fr 9.30 Uhr, max. 9 Pers., 5 € (unbedingt anmelden!)

### Auf Sand gebaut
**Messanges** (1000 Einw., www.ot-messanges.fr, 📖 B 14) heißt das nette Dorf im Norden von Vieux-Boucau-les-Bains. Bekannt ist es für den Vin des Sables, einen Wein aus Cabernet Franc- und Cabernet-Sauvignon-Reben. Die werden auf Sand angebaut, daher der Name ›Sandwein‹. Probieren und kaufen kann man die seltenen Tropfen auf dem Weingut **Domaine de Montgrand** (Quartier Montgrand, Vielle-Saint-Girons, T 07 76 78 04 81, tgl. 8–20.30 Uhr). Eine Art Leistungsschau der Weine der Landes ist die **Bergerie des Vignerons de Tursan,** die eine gute Auswahl von Landes-Winzern und regionalen Appellationen wir Tursan oder Coteaux de Chalosse vertritt (4, chemin de Camentron, T 05 58 97 33 35, www.tursan.fr, Jan.–Juni, Sept.–Dez. Mo–Sa 9–12, 14–17.30, Juli–Aug. 9–12, 14.30–18.30 Uhr.

### Für Hund und Herrchen
François Mitterrand besaß ein Landhaus etwas außerhalb des verbummelten Städtchens **Soustons** (7600 Einw.,

Der erste **Hund,** dem zu Lebzeiten ein Denkmal errichtet wurde? Kann nur der eines französischen Präsidenten sein! Baltique, der schwarzen Hündin von François Mitterrand, widmete zudem Chansonnier Renaud ein Lied. Der Titel: »Baltique« – natürlich. Zudem erschienen im Hachette-Verlag mehrere anonym verfasste Erinnerungsbände der Hündin … Wuff!

# # 13

# Das Glück liegt in der Wiese – **die weinselige Gascogne**

**Nur eine Autostunde vom Golfe de Gascogne entfernt sagen sich Fuchs und Hase Gute Nacht. Wenige Menschen verlieren sich in der Abgeschiedenheit gefältelter Täler und wogender Hügel. Enten und Gänse watscheln durch die Wiesen. Weinberge rollen davon. Willkommen in der tiefsten Gascogne!**

Vom Snobismus der Bordeauxwinzer ist man in den Weinbergen links und rechts des Adour Lichtjahre entfernt, wie man im verbummelten **St-Mont** 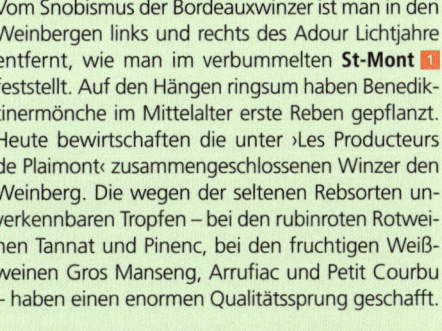 feststellt. Auf den Hängen ringsum haben Benediktinermönche im Mittelalter erste Reben gepflanzt. Heute bewirtschaften die unter ›Les Producteurs de Plaimont‹ zusammengeschlossenen Winzer den Weinberg. Die wegen der seltenen Rebsorten unverkennbaren Tropfen – bei den rubinroten Rotweinen Tannat und Pinenc, bei den fruchtigen Weißweinen Gros Manseng, Arrufiac und Petit Courbu – haben einen enormen Qualitätssprung geschafft.

## Shootingstars St-Mont und Madiran

Von der Burg in **Termes-d'Armagnac** 2 blieb nur der Donjon, von dessen Spitze der Blick ins Weite schweift. In **Sabazan** 3 verleihen Rundtürme dem Château (17. Jh.) etwas Märchenhaftes. Die Weinberge rund ums Schloss waren in den 1980er-Jahren so etwas wie ein Pilotprojekt für die Winzer der AOP St-Mont. Im geschäftigen **Aignan** 4 haben einst die Grafen des Armagnac residiert. An der Grande Place reihen sich unter den Holzarkaden Cafés und Geschäfte – wir bleiben!

Das schmucke Dorf **Madiran** 5 steht für vollmundige Rotweine mit enormem Alterspotenzial, denen die Rebsorte Tannat Aromen von Toastbrot und Gewürzen verleiht. Die weniger bekannten Weißweine haben ebenfalls eine AOP: Pacherenc du Vic Bilh, was ›Kastanienwälder im alten Land‹ bedeutet. Wieder haben Benediktiner die ersten Reben angepflanzt. Folglich gibt es auch ein Klos-

**ÜBRIGENS**

**La Brocanthé La Belle Histoire** 1, ist ein Salon de thé mit kleiner Speisekarte aus Bio-Produkten und Trödelladen in einem (Aignan, 14, pl. du Colonel Parisot, T 05 62 08 15 26, Mo/Di 9–18, Do–Sa 9–22, So 10–14 Uhr, €).

ter, von dem die Kirche mit Chor und Krypta von archaischer Schönheit erhalten blieb.

## Reisen durch die Reben

Herrschaftlich thront das **Château de Viella** `6` über 25 ha Madiran-Reben. Die in den 1930er-Jahren aus dem italienischen Friaul zugewanderte Familie Bortolussi erwarb Ruine samt Weinbergen 1952. Doch erst der schnauzbärtige Enkel begab sich an den Wiederaufbau des Schlosses. Alain Bortolussi legte zudem einen Besucherpfad durch die Weinberge an, der im Barrique-Keller endet … Sommers werden Konzerte und Führungen mit anschließendem Mittagessen und hiesigen Weinen veranstaltet.

Das berühmteste Weingut der AOP Madiran bildet den Abschluss der Tour. Das **Château Bouscassé** `7` ist das Lebenswerk von Alain Brumont, der wie kein anderer der Rebsorte Tannat zu internationalem Glanz verholfen hat. Die graue Eminenz des gascognischen Weinbaus hat einen Entdeckungsparcours durch seine 300 ha Reben angelegt.

»Das Glück liegt in der Wiese« hieß Mitte der 1990er-Jahre der Kinohit, mit dem die Karriere der Gascogne als **Sehnsuchtsziel** stadtmüder Franzosen begann. In den Hauptrollen: vergnügte Dörfler und die trägen Wonnen des Landlebens. Die Zahlen geben den Gascognern übrigens Recht: Sie haben die höchste Lebenserwartung in Frankreich. Wein und Entenschmalz, Gott erhalt's!

INFOS/ÖFFNUNGSZEITEN

**Les Producteus de Plaimont/Cave de St-Mont:** Rte. d'Orthez, St-Mont, www.plaimont.com, Sept.–Juni Mo–Sa 9–12.30, 14.30–19, So 10–19, Juli/Aug. Mo–Sa 9–19, So 10–19 Uhr
**Maison des Vins de St-Mont:** Rue St-Barbe, St-Mont, www.vins-saintmont.com
**Maison des Vins de Madiran et du Pacherenc du Vic Bilh:** 4, rue de l'Église, Madiran, https://madiran-pacherenc.com, Juli/Aug. tgl. 10–13, 14–18, sonst Mo/Di, Do/Fr 10–13, 14–17 Uhr
**Château de Viella** `6`**:** Rte. de Maumusson, Viella, www.chateauviella.fr, Mo–Sa 8–12, 14–18.30 Uhr
**Château Bouscassé** `7`**:** Maumusson, Laguian, www.brumont.fr, Mo–Fr 10.30–14 Uhr

SCHLOSS MIT RUNDBLICK
**Château de Projan** `1`**:** 500, route du

Château, Projan, T 05 62 09 46 21, www.chateau-de-projan.com, €€€. Charmantes Schlösschen auf einem Hügel mit tollem Rundumblick. Es gibt nur sieben einladend möblierte Zimmer. Im Restaurant pfiffge Regionalküche. Pool und Garten.

**Faltplan:** Karte 2, F/G 14/15 | **Dauer:** 1 Tag mit dem Auto (ca. 90 km)

www.soustons.fr, 🗺 B 14). Das Mémorial François Mitterrand, eine 2,20 m hohe Statue des Staatsmannes mit seiner Labradorhündin Baltique, erinnert daran. Die Aufregung, die die Aufenthalte des Präsidenten mit sich brachten, ist jedoch längst Geschichte.

# Hossegor 🗺 B 14

Chic, elegant, trendy und jung kommt Hossegor (3800 Einw.) daher. Dafür sorgen die Surfer, denen man auf Schritt und Tritt begegnet, und die coolen Surfshops. Der französische Surferverband hat hier seinen Sitz. Mit nacktem Oberkörper durch die Stadt zu laufen, ist allerdings verboten. Dafür sorgt die zweite wichtige, entschieden bourgeoise Klientel des zwischen Strand, Binnensalzsee und Kanälen auseinandergezogenen Orts. Deren Lieblingsareal bleibt der Golfplatz.

### Baskisches Art déco
Mehrere Villenviertel, halb im baskischen, halb im Stil der Landes, mit der sachlichen Eleganz des Art déco prägen das Stadtbild. Besonders nobel sind die Anwesen an den Avenuen du Golf, Gaujacq (mit dem Casino aus den 1930er-Jahren) und Jean Rameau. Broschüre im Office de Tourisme.

### 🏠 Den See im Blick
**Le Pavillon Bleu**
Modernes Hotel mit geräumigen Balkonzimmern. Am Lac d'Hossegor gelegen.
1053, av. du Touring Club, T 05 58 41 99 50, www.pavillonbleu.fr | €€–€€€

### 🏠 Luxus am See
**Les Hortensias du Lac**
Die Villa aus den 1930er-Jahren liegt vornehm am Lac d'Hossegor. Nach vorn breitet sich der See aus, ringsherum Kiefernwald. Luxuriöse Zimmer, die in der Nebensaison erschwinglich sind.
1578, av. du Tour-du-Lac, T 05 58 43 99 00, www.hortensias-du-lac.com | €€–€€€

### 🏠 Design soll es sein!
**202**
Cooler Neubau zwischen Stadtzentrum und Golfplatz. Die Zimmer sind durchdesignt, der Balkon ist groß, die Gästeschar jung und schick.
202, av. du Golf, T 05 58 43 22 02, www.hotel202.fr | €€–€€€

### 🦪 Austern für alle
**Chez les Filles Labarthe, Côté Dégustation Lou Casaou De La Ma, Jérôme Labéguerie, Chez Vergez**
sind Austernzüchter mit Hütten für den Direktverzehr – les cabanes – am Nordufer des Lac d'Hosségor. Nett, günstig, locker!
Avenue du Touring Club, mit Direktverkauf, in der Regel tagsüber geöffnet | €–€€

### 🦪 Fisch für Fortgeschrittene
**Jean des Sables**
Vom minimalistisch gestylten Saal mit poliertem Betonboden geht der Blick aufs Meer. Die Fischküche von Patrice Lubet ist innovativ, ihre Basis das, was die Fischer von Hossegor anliefern. Den Luxus sollte man sich wirklich einmal gönnen!
121, bd. de la Dune, T 05 58 72 29 82, www.jeandessables.com, Di/Mi geschl. | €€€

### 🏄 Surfer's paradise
**Rip Curl**
Fabrik- und Outletverkauf des Surfbrett- und Surfaccessoiresherstellers. Dort, in der Zone d'activité Pedebert (4 km östl.), haben auch Billabong und Oxbow-Quiksilver ihre Outletcenter.
407, rte. de la Tuilerie, Di–Sa 10–13, 15–19, Juli/Aug. Mo–Sa 10–19 Uhr

### ☼ Mit den coolen Jungs unterwegs
Die Surfergemeinde trifft sich abends in den Bars der Place des Landais, wie etwa im **Rock Food**, im **Havanna Beach**, im **Casablanca** oder in **Dick's Sand Bar** – die alle bis 2, 3 Uhr geöffnet sind.

### ⚓ Strände ohne Ende
Gleich mehrere Strände locken direkt am Ort: **Plage Notre-Dame, Plage Sud, Plage Centrale.** Im Norden

folgen nacheinander die **Plage de la Gravière**, die **Plage des Naturistes** (FKK), die **Plage des Estagnots –** alle sind auch bei Surfern wegen des hohen Wellengangs beliebt. Eher kinderfreundlich sind die Strände am stillen **Lac d'Hossegor** wie die Plage du Parc, Plage del Rey, Plage Blanche und Plage des Chênes lièges.

### ⬮ Surf 'n' sleep
**Surf Trip**
Die Surfschule von Hossegor bietet Kurse mit Übernachtung an. Wie praktisch!
Plage Sud, Pl. du Point d'Or, T 05 58 41 91 06, www.surftrip.fr

### ⬮ Walk around
Einen Plan mit 25 Wandertouren am Meer, im Wald und rund um den See gibt es für 2 € im Office de Tourisme.

### ❶ Infos und Termine
**Office de Tourisme:** 166, av. de la Gare, T 05 58 41 79 00, www.hossegor.fr
**Roxy Pro France:** Surfweltmeisterschaft der Frauen im Okt.

**Quiksilver Pro France:** Surf-Weltmeisterschaft der Männer im Okt. – wie das der Frauen ein großes Ereignis
**Feu d'Artifice:** 14. Juli am Strand von Hossegor, großes Feuerwerk zum Nationalfeiertag

## IN DER UMGEBUNG

### Wo die Kapitäne lebten
Im Mittelalter war **Capbreton** (8800 Einw., 🕮 Karte 2, B 14) die ›Stadt der 100 Kapitäne‹ – bis ins 14. Jh. mündete der Adour hier ins Meer. Dann versandeten Mündung und Hafen. Im 19. Jh. wurde Capbreton durch den Kanal Passe du Boucarot wieder mit dem Meer verbunden und floriert seither als Fischerhafen. Gleichzeitig kam der Ort als Seebad in Mode. Eine gänzlich andere Welt tut sich tief im Landesinnern mit den **Weingebieten St-Mont, Madiran** und **Côtes de Gascogne** auf: Verbummelter als dort geht's kaum (▶ S. 86, www.capbreton-tourisme. com).

*Entspannung pur! Hier geht der Traum vieler zivilisationsmüder Dauergestresster in Erfüllung.*

# Die baskische Küste

Frankreich gibt sich auf seinen letzten Kilometern vor der spanischen Grenze dramatisch. Brüllend läuft der Atlantik Amok gegen die baskische Küste, faucht salzige Nebelwolken ans Land und zieht sich dumpf grollend wieder zurück. Gischtfetzen fegen über die Küstenstraße. Haushohe Brecher haben Sandberge auf die Fahrbahn geworfen. Im Hinterland rollen sattgrüne Hügel in Richtung des 900 m hohen La Rhune davon. Der den Basken beiderseits der Grenze heilige Berg markiert die Grenze zu Spanien. Nicht aber die des Baskenlands.

# Bayonne 🗺 Karte 2, B 15

**Herrschaftlich wirkt die Stadt am Zusammenfluss von Nive und Adour (49 200 Einw.). Hochgeschossen sind die Fassaden aus Haustein und baskischem Fachwerk. Imposant überragt das Château Vieux den Stadtteil Grand Bayonne, brachial trumpft der Koloss des Château Neuf über dem Viertel Petit Bayonne auf. Bistros, Feinkostläden, Bodegas bestimmen ansonsten das Stadtbild. Nur eins fehlt: der Atlantik, in den der Adour gut 5 km weiter westlich mündet.**

........................................................

### WAS TUN IN BAYONNE?

........................................................

### Bummeln in Grand Bayonne …

**Grand Bayonne,** das tagsüber quirligere der beiden von der Nive geteilten Stadtteile, überrascht mit Boutiquen in fast allen Häusern und dem Art-déco-Kaufhaus der **Galeries Lafayette** in der Rue Thiers. Anders gesagt: Hier kauft *tout Bayonne* ein, was der Baske so daheim braucht: Schinken und Schokolade, Tischwäsche in typisch baskischem Streifenmuster, das Sommerfähnchen für den Strandtag. Im Zentrum des Treibens steht die gotische **Kathedrale Ste-Marie** 1 (Pl. Mgr. Vansteenberghe, Mo–Sa 10–12, 12.45–18.45, So/Fei 10–11.15, 12.45–18.45 Uhr). Der massive Bau ist eine Etappe des Jakobspilgerwegs und gehört zum Welterbe der UNESCO. Der **spätgotische Kreuzgang** des angrenzenden Klosters (Eingang Rue Pasteur, Mitte Mai–Mitte Sept. 9 –12.30, 14–18, sonst bis 17 Uhr) ist einer der größten Frankreichs und ein Ruhehafen des Viertels. Über die **Rue des Gouverneurs,** eine der wenigen nicht verkehrsberuhigten oder autofreien Gassen ringsherum, geht es weiter zum **Château Vieux** 2. Die ›alte Burg‹ wurde Ende des 11. Jh. von den Grafen der baskischen Provinz Labourd gebaut. Heute nutzt die französische Armee den von Rundtürmen flankierten Bau: kein Zugang für Zivilisten. Die **Porte d'Espagne** 3

im Süden von Grand Bayonne ist in den Stadtwall eingelassen. Das Stadttor aus dem 17. Jh. war früher das Nadelöhr auf dem Weg nach Spanien. Nach Süden sind große Teile der Stadtmauer erhalten, die teils noch römisch ist, teils von François I. im 16. Jh. angelegt und im 17. Jh. von Vauban'schen Befestigungen verstärkt wurde. Über die Rue des Basques geht es zur **Markthalle** 🛈, auf deren Ostseite sich das Viertel zu den Kais an der Nive öffnet. Prachtvolle Fassaden säumen diese, so etwa die spätgotische **Maison Moulis** an der Ecke zur Rue Poissonnerie oder das barocke **Hôtel de Brethous** an der Ecke zur Rue Bernède – die Kais sind eindeutig die Schokoladenseite des Viertels. Apropos Schokolade: Die zauberhafte, von buntem Fachwerk und Arkaden gesäumte **Rue du Port-Neuf** ist fest in Händen der Bayonner Chocolatiers. Wir entkommen der süßen Versuchung in Richtung Place de la Liberté, deren Weite vom neobarocken, kolossalen **Hôtel de Ville und Théâtre** 4 beherrscht wird. Dahinter fließt die Nive in den Adour.

### … ausgehen in Petit Bayonne

**Petit Bayonne,** das volkstümlichere der beiden Altstadtteile, punktet mit Bodegas und Bars. Los ist besonders abends einiges. Doch auch tagsüber lohnt sich ein Spaziergang durchs Viertel. Da wäre zunächst das **Musée Basque** 5 in der Maison Dagorette, einem Reederpalais aus der Renaissance am rechten Ufer der Nive, Völkerkundemuseum des Baskenlands. Allein das um einen Patio gebaute prachtvolle Palais wäre den Besuch wert. In 20 Sälen wird zudem die Geschichte von Baskenland und Bayonne veranschaulicht, vom Modell des Hafens um 1805 über die Werke baskischer Maler bis zu einem Film, der den Alltag im Baskenland im 19. Jh. illustriert. Weitere Schwerpunkte sind das Pelota-Spiel, Schokolade, baskische Fayencen (37, quai des Corsaires, www.museebasque.com, Di/Mi, Fr–So 10–18, Do 13–20 Uhr, 8 €, unter 26 Jahre frei). Wegen Umbauarbeiten bis mindestens 2024 nicht zugänglich bleibt das um die Ecke liegende **Musée Bonnat-Hel-**

leu `6` (5, rue Jacques Lafitte, www.webmuseo.com) und damit auch die Gemädesammlung mit Werken von Rubens, El Greco, Goya, Ingres, Degas. Bliebe noch das **Château Neuf** `7` als dritter Sightseeingpunkt des Viertels (Place Paul Bert). Die 1498 vollendete Burganlage beherbergt die Uni und die Verwaltung des Musée Basque. Entsprechend jung ist das Umfeld.

Die **Rue des Tonneliers** (Fassmacher) erinnert daran, dass hier einmal die Cidrehersteller von Bayonne angesiedelt waren. Heute reihen sich in der Gasse Bars und Bodegas. Als älteste Bodega der Stadt gilt das **Trinquet St-André** in der Rue du Jeu-de-Paume 4, mit einem 300 Jahre alten Saal für baskische Spiele. Eine Kneipenmeile ist die **Rue Pannecau.**

*Farbenspiel: Atemberaubend schön ist das Gewölbe der Kathedrale in Bayonne.*

## SCHLEMMEN, SHOPPEN, SCHLAFEN

 **In fremden Betten**

### Bitte recht freundlich!
**Hôtel des Basses-Pyrénées** `1`
Das charmante Haus, das z. T. auf der antiken Stadtmauer fußt, wird von der Patronne freundlich geführt. Die Inneneinrichtung in den Zimmern im Vintage- und Designmix trägt ihre Handschrift.
12, rue Tour-de-Salt, T 05 59 25 70 88, www.hotel-bassespyrenees-bayonne.com | €€

### Elegant & zentral
**Le Grand Hôtel** `2`
Der Bau war früher mal ein Kloster und ist heute ein komfortables Hotel. Von den Zimmern mit Balkon schweift der Blick über die Dächer der Altstadt.
21, rue Thiers, T 05 59 59 62 00, https://all.accor.com, €€–€€€

### 200 Jahre und kein bisschen grau
**Ibis Styles Bayonne** `3`
Das 200 Jahre alte Haus am Ufer des Adour ist seit Kurzem ein Designhotel einer Hotelkette, ja doch. Aber die Zimmer sind frisch, farbenfroh, poppig. Der Blick geht auf die Altstadt und die Pyrenäen. Manko: Die Zimmer zur Uferstraße sind bei offenem Fenster laut.
1, pl. de la République, T 05 59 55 08 08, https://all.accor.com | €€, auf Online-Angebote achten

**Satt & glücklich**

### Ländlich und lauschig
**La Grange** `1`
Chilischotenzöpfe und Flohmarkt-Trouvaillen verleihen dem Bistro eine ländliche Note. Was durchaus zur schmackhaften, dem Baskenland verpflichteten Küche passt. Der schönste Platz ist einer auf der Terrasse unter den Arkaden zum Fluss. Hier verweilt man so gerne, dass man gar nicht ans Aufstehen denken mag.
26, quai Galuperie, T 05 59 46 17 84, www.lagrange-bayonne.fr, So/Mo geschl. | €€–€€€

### Der Himmel hängt voller Schinken
**Chez Txox** `2`
Unter den Cidrerien (Cidrekneipen) von Bayonne die urigste. Man sitzt an langen Tischen unter an der Decke baumelnden Schinken. Die Küche ist deftig: Spanferkel mit Steinpilzen, aber auch Tapas. Und der Cidre kommt aus dem Fass. Tolle Terrasse zur Nive.

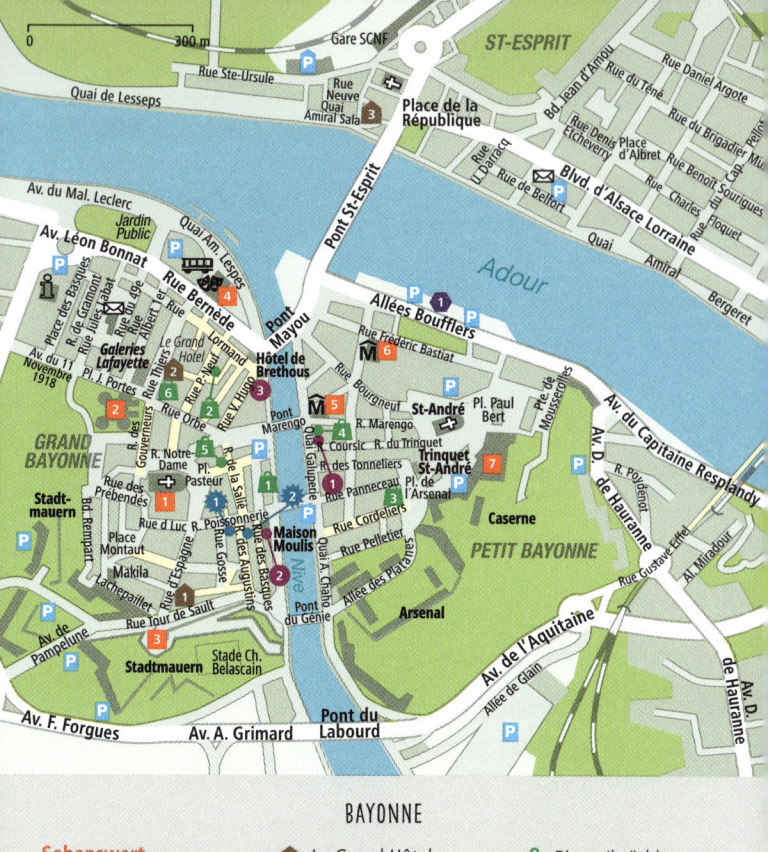

# BAYONNE

**Sehenswert**

1. Kathedrale Ste-Marie
2. Château Vieux
3. Porte d'Espagne
4. Hôtel de Ville/Théâtre
5. Musée Basque
6. Musée Bonnat-Helleu
7. Château Neuf

**In fremden Betten**

1. Hôtel des Basses-Pyrénées

2. Le Grand Hôtel
3. Ibis Styles Bayonne

**Satt & glücklich**

1. La Grange
2. Chez Txox
3. La Table de Sébastien Gravé

**Stöbern & entdecken**

1. Markthallen
2. Daranatz

3. Pierre Ibaïalde
4. Chocolatier Pascal
5. Charcuterie Montauzer
6. Mokofin

**Wenn die Nacht beginnt**

1. Chai Ramina
2. Cabaret Luna Negra

**Sport & Aktivitäten**

1. Le Coursic

49, quai Jauréguiberry, T 05 59 59 16 80, www.restaurant-txotx.com, tgl. | €€

**Paris, Bayonne**
**La Table de Sébastien Gravé** 3
Sébastien Gravé ist Chef des zurzeit angesagtesten Bistros von Bayonne. Zunächst hatte er in der Landeshaupt-stadt Paris mit Erfolg ein gleichnami-ges Restaurant geführt, jetzt sorgt er mit einer leicht und modern inspirier-ten Terroir-Küche in der Heimat für Furore.

21, quai Amiral-Dubourdieu, T 05 59 46 14 94, www.latable-sebastiengrave.fr, So/Mo geschl. | €€ (mittags unter der Woche), sonst €€€

**Stöbern & entdecken**

Besonders der Stadtteil Grand Bayonne ist ein einziger Feinkostladen, wozu auch das tolle Angebot in den **alten Markthallen**  am Quai du Commandant Roquebert beiträgt: 22 Produzenten und Händler bieten täglich baskischen Käse, Würste, Schinken, Honig, Gefügel, Obst, Gemüse und und und an.

Mo–Fr 7–13.30, Sa 6–13.30, So 8–13.30 Uhr

### Schokoladenkönig
**Daranatz** ❷

Für viele Einheimische der beste Chocolatier seiner Gilde, seit 1890. Eine Sünde wert: Schokolade mit Chilischote, butterzarte Ganaches und knusprige Bouchées.

15, rue du Port-Neuf, T 05 59 59 03 55, www. daranatz.com, Mo 10–19, Di–Sa 9.15–19 Uhr

### Im Schinkenhimmel
**Pierre Ibaïalde** ❸

Hier gibt es nicht nur erstklassigen Jambon (Schinken) de Bayonne und Würste zum Reinbeißen. Man darf zudem Salz- und Trockenkammer auf einer 40-minütigen Führung besichtigen.

41, rue des Cordeliers, T 05 59 25 65 30, www.pierre-ibaialde.com, Winter Di–Fr 9–12.30, 14–18, Sommer Mo–Sa 10–13.30, 14.30–18.30 Uhr

### Zum Trinken, Lutschen, Schlecken
**Chocolatier Pascal** ❹

Pascal Moustirats ist ebenfalls Mitglied der lokalen Chocolatiers-Gilde. Neben der Boutique hat er einen Salon de thé mit der besten Trinkschokolade von Bayonne und tollem Schokoladeneis.

32, quai Galuperie, T 05 59 52 96 49, Di–Sa 10–19 Uhr

### Wahnsinnswürste!
**Charcuterie Montauzer** ❺

Der berühmte Charcutier aus Guiche im Tal des Adour hat in Bayonne eine Boutique. Ausgezeichnet: Jambon Ibaïama und die scharf gewürzten Boudins.

17, rue de la Salie, T 05 59 59 07 68, www. montauzer.fr, Di–Sa 9–12.30, 13.30–18.30 Uhr

Warum in Bayonne Cidre getrunken wird? Nun, der **normannische Apfelwein** kam durch eine Heirat ins Baskenland. Denn das wurde im 12. Jh. durch die Eheschließung von Eleonore von Aquitanien mit dem König von England, Henri Plantagenêt, englisch. Wie auch die Normandie. Seither fließt auch hier der Cidre …

### Kuchen auf Sterneniveau
**Mokofin** ❻

Ihre Sporen hat sich Maitena Erguy in Pariser Sternerestaurants verdient, jetzt betreibt die Pâtissière eine Pâtisserie mit Salon de thé. Immer gut die Cannéles und die Gâteaux basques.

27, rue Thiers, T 05 59 59 04 02, www.mokofin. com, Mo 9.30–18, Di–Sa 8.30–19, So 8–12.30 Uhr

 **Wenn die Nacht beginnt**

Richtig was los ist in Bayonne nur, wenn eines der zahlreichen Stadtfeste gefeiert wird, ein Rugbyspiel stattfindet oder Rinder zur Feria durch die Arena gejagt werden – dies dann vor allem im Viertel Petit Bayonne.

### ›Bonjour la nuit‹
**Chai Ramina** ❶

Ramina ist im Ruhestand, aber der Laden brummt. Gut gelaunt und trinkfreudig geht's weiter, mit Rugbyspielern an der Theke und Hochstimmung zu Feria und anderen Stadtfesten – echt baskisch.

11, rue Poissonnerie, T 05 59 59 33 01, Di–Do 9.30–20, Fr/Sa bis 2 Uhr

### Bühne frei!
**Cabaret Luna Negra** ❷

Im ›Schwarzen Mond‹ ist das Leben eine Bühne, mit Chanson, Theater, Lesungen.

7, rue des Augustins, T 05 59 25 78 05, www.lunanegra.fr, Mi–Sa 19–2 Uhr

*Typisch Bayonne: Die bunten Fensterläden setzen Farbkleckse in die Altstadt.*

## 🛥 Sport & Aktivitäten

**Blick vom Boot**
**Le Coursic** ❶
Bootstouren auf Adour und Nive –
schöner als von Bord dieses Ausflugs-
schiffs schaut Bayonne nirgends aus.
Ponton des Allées Boufflers, www.visitbayonne.
com/fr/a-voir-a-faire/balades-et-excursions/ba
teau-le-coursic.php, Mitte Feb.–Dez., 12–38 €

### INFOS

**Bayonne Tourisme:** 25, pl. des
Basques, T 05 59 46 09 00, www.
visitbayonne.com

### TERMINE

**Foire du Jambon:** Ostern. Schinkenfest
mit großem Auftritt der Schinkenprodu-
zentenbruderschaft.
**Journées du Chocolat:** Fr/Sa an
Himmelfahrt. Das große Schokoladen-
fest ist die Leistungsschau der lokalen
Chocolatiers. Probieren erwünscht.
**Fêtes de Bayonne:** 3. Juliwoche, www.
fetes.bayonne.fr. Baskisches Fest mit
Musik, Tanz, Stierkampf.

# Biarritz 🗺 Karte 2, A 15

**Das Schauspiel brachialer Wellen
begeisterte im 19. Jh. Kaiser Napoleon III. und Gattin Eugénie, die
den Badeort als ›place to be‹ der
europäischen Society lancierten.
Aber es war ein Amerikaner, der
Biarritz (24 500 Einw.) 100 Jahre
später zum Hotspot der internationalen Surferszene machte.
Hollywood-Regisseur Peter Viartel
sah 1957 die Wellen und ließ das
Surfbrett aus Amerika nachkom-
men. Biarritz lebt seitdem als Seebad einer betuchten Bourgeoisie
und Mekka einer flippigen Surfer-
Community, in einer Mischung aus
Belle Époque und Beton.**

### WAS TUN IN BIARRITZ?

**Kaiserlich-königliche Spuren**
Der weiße, 1831 auf die Felsspitze der
Pointe St-Martin gepfropfte **Leucht-
turm** ❶ *(phare)* bietet einen herrlichen
Blick über die Sandstrände, zerklüfteten
Felsen und Villengebirge von Biarritz.
Hoch auf den 73 m hohen Turm führen
248 Stufen (Juni, Sept. 14–18, Juli/

Aug. tgl. 10–19 Uhr, 5 €). Auf dem Weg Richtung Stadt trumpft über der **Grande Plage,** dem Hausstrand von Biarritz, das **Hôtel du Palais** auf. Bis 1869 verbrachte Napoleon III. nebst Gattin den Sommer in der Villa Eugénie, deren Grundriss ein ›E‹ nachzeichnet. Heute setzt der pompöse Bau als Palasthotel Standards. Drinnen regiert der Glanz des Second Empire gepaart mit allerhöchstem Luxus (www.hotel-du-palais.com). Ein Schlenker über die von einer grau-goldenen Kuppel gekrönte **russisch-orthodoxe Kirche** in der Avenue de l'Impératrice – auch der Zar liebte Biarritz – führt zur **Chapelle Impériale** 2 an der nach Queen Victoria benannten Avenue de la Reine Victoria. Die Kapelle im spanisch-maurischen Stil wurde auf Veranlassung von Kaiserin Eugénie erbaut und ist der mexikanischen Heiligen Nuestra Senora Guadalupe geweiht (Juli–Sept. Do, Sa 14–18 Uhr, sonst nur Sa, 3 € mit Führung).

### Das raue Leben der Fischer

Der **Port des Pêcheurs,** der alte Fischerhafen, wird von festungshohen Kaimauern geschützt. So schunkeln die Boote nicht ganz so sehr und das Refugium einer Baskenmützen tragenden Altherrenriege ist gut von Gischt und Wellenkämmen abgeschirmt. Im **Musée de la Mer** 3, zu dessem ursprünglichen Art-déco-Bau von 1933 ein ultramoderner, in die Klippenkante versenkter Trakt gekommen ist, kann man in Aquarien, Krabbenlagune, Korallenriff, Haifischbecken sehen, was sich im Golfe de Gascogne und in den Weltmeeren so tummelt. In der ersten Etage zeigt eine Ausstellung die Entwicklung des Hafens von Biarritz. Dazu zählt auch ein Walfischskelett – Biarritz war einst für die Jagd auf den Meeressäuger bekannt (Plateau Atalaye, www.aquariumbiarritz.com, ganzjährig tgl. 9.30–19 Uhr, Juli/Aug. bis 22 Uhr, 15 €, Kombiticket mit Cité de l'Océan et du Surf 24 €; Tipp: Robbenfütterung 10.30, 17, kommentierte Haifischfütterungen während der Schulferien Mo, Mi, Fr/Sa 14 Uhr). Eine

Metallbrücke führt hinter dem Museum auf den **Rocher de la Vierge** 4. Seit 1865 thront eine Madonna auf dem Fels. Rundherum tost die Atlantik – ein großartiges Schauspiel.

## MUSEEN, DIE LOHNEN

### Kaiserliche Briefe
**Musée Historique de Biarritz** 5
Schon der Ort ist ungewöhnlich. Das charmante Privatmuseum ist in der ehemaligen anglikanischen Kirche Saint Andrews untergebracht. Ausgestellt sind Porträts, Souvenirobjekte, Briefe von Kaiser Napoleon III., Kaiserin Eugénie und Entourage, ein Eisbär, ein historisches Surfbrett, Utensilien, die beim Walfang zum Einsatz kamen. Hübsch schräg.
Rue Broquedis, Di–Sa 10–12.30, 14–18.30, Juli/Aug. 10–13, 14.30–18.30 Uhr, 6 €

### Everybody's gone surfin'
**Cité de l'Océan et du Surf** 6
Ein Gebäude wie eine Welle, gebaut vom surfenden US-Amerikaner Steven Holls und 2012 von einer internationalen Jury zum ›Building of the year‹ gewählt. Hinter dem wohlgeformten Beton und Glas schwappt der Ozean in zwölf Etappen, nicht nur für Surfer. Das hypermoderne, puristische Museumskonzept führt ins Bermudadreieck, in die Tiefe des Unterseecanyons von Capbreton und zu einem Riesenkraken. Mega cool: das virtuelle Surfen mit der 3D-Brille auf der Nase.
1, av. de la Plage, La Milady, T 05 59 22 75 40, www.biarritzocean.com, www.citedelocean.com, Nov.–März tgl. 14–19, April–Okt. tgl. 10–19, Juli/Aug. bis 20 Uhr, Gratis-Shuttle zum/vom Musée de la Mer, 13 €, Kombiticket mit Musée de la Mer 24 €

## SCHLEMMEN, SHOPPEN, SCHLAFEN

 **In fremden Betten**

### Terrasse zum Strand
**Biarritz Camping** 1
Der einzige Campingplatz der Stadt liegt auf mehreren Terrassen 500 m

# BIARRITZ

## Sehenswert

1. Leuchtturm
2. Chapelle Impériale
3. Musée de la Mer
4. Rocher de la Vierge
5. Musée Historique
6. Cité de l'Océan

## In fremden Betten

1. Biarritz Camping
2. Arima
3. Hôtel de Silhouette

4. Laminak

## Satt & glücklich

1. Le Bistrot des Halles
2. Le Clos Basque
3. Les Rosiers
4. Le Sin
5. Miremont

## Stöbern & entdecken

1. Maison Aroustéguy
2. Chocolaterie Henriet

## Wenn die Nacht beginnt

1. Crampotte 30
2. Bar de la Côte
3. Etxola Bibi

## Sport & Aktivitäten

1. Biarritz Surf Training
2. Golf Biarritz Le Phare

98

über dem Milady-Strand im Ortsteil Ilbarritz. Im Juli und August verbindet ein Nachtbus bis 5 Uhr früh die Camper mit dem Zentrum. Ansonsten gibt es viel Schatten und eine gute Ausstattung. Der Platz ist ausgesprochen familienfreundlich, auch dank Pool, Snack und Supermarkt.

28, rue d'Harcet, T 05 59 23 00 12, www.biarritz-camping.fr, April–Anf. Okt., auch Mobile Homes | €

### Cool & cosy
**Arima**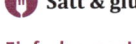
Annie und Marc vermieten drei Chambres d'hôte in ihrer baskischen Villa, mit coolem Design und Antiquitäten. Zentral. Bei aller Coolness bleibt die Grundnote cosy. Es gibt sogar einen kleinen Pool.

17 bis, rue Larrepunte, T 06 88 46 78 46, www.arima-biarritz.com, im Sommer Vermietung ab vier Nächten | €€–€€€

### Herrschaftlich
**Hôtel de Silhouette** ❸
Nobles Anwesen aus dem 17. Jh. mit frischen, farbenfrohen Zimmern, einige davon bieten Seeblick. Entspannte Atmosphäre.

30, rue Gambetta, T 05 59 24 93 82, www.hotelsilhouette.com | €€€

### Bauernhof reloaded
**Laminak** ❹
Der schmucke, 300 Jahre alte Bauernhof im Hinterland von Biarritz ist heute ein Hotel im Guesthouse-Stil. Es gibt nur zwölf Zimmer, die größeren davon im Anbau. Das Frühstück mit hausgemachten Konfitüren wird auf der Veranda serviert. Danach erst mal an den Pool?

In Arbonne (7 km südl.), 3, route de St-Pée, T 05 59 41 95 40, www.hotel-laminak.com | €€

🍴 **Satt & glücklich**

### Einfach super!
**Le Bistrot des Halles** ❶
Liegt an der Markthalle, daher der Name. Gleichermaßen beliebt bei Einheimischen

und Touristen, weil Stimmung, Küche und Preis super sind! Toll: Lachs vom Grill mit Estragonreis.

1, rue du Centre, T 05 59 24 21 22, http://www.bistrotdeshallesbiarritz.fr, So geschl. | €–€€

### Schulter an Schulter
**Le Clos Basque** ❷
Reservieren ist Pflicht, denn die Terrasse und der Saal sind immer gut besucht. Man sitzt Schulter an Schulter. Die Küste ist baskisch, die Stimmung heiter.

12, rue Louis-Barthou, T 05 59 24 24 96, Mo, außer Juli/Aug. auch So geschl. | €€

### Ganz und gar ungewöhnlich
**Les Rosiers** ❸
Andrée und Stéphane Rosier erfinden die baskische Küche auf hohem Niveau neu. Das Ergebnis ist erstklassig, die Atmosphäre im hübschen baskischen Gemäuer dabei entspannt. Unvergesslich: Wildgarnelen aus der Pfanne mit Mandel-Zucchini-Sandteigtarte.

32, avenue Beau Soleil, T 05 59 23 13 68, www.restaurant-lesrosiers.fr, Mo außer abends im Aug., Mo/Di geschl. | €€€

### Surfende Geschmackssinne
**Le Sin** ❹
Das coole Restaurant in der Cité de l'Océan vereint moderne Terroir-Küche und Design. Von der Terrasse toller Blick aufs Château d'Ilbarritz und den Atlantik.

1, avenue de la Plage, T 05 59 47 82 89, So geschl. | €€ (mittags), sonst €€€

## It's teatime, my dear!
### Miremont ❺

Der hinreißende Salon de thé aus der Zeit des Second Empire ist nachmittags der Ort für Petits Fours, Tarte und heiße Schokolade. Mehr! Und durchs Panoramafenster schaut man aufs Meer.

Boulevard Général de Gaulle/Quai de la Grande Place, T 05 59 24 01 38, www.miremont-biarritz.fr, tgl. 9–20 Uhr

## 🛍 Stöbern & entdecken

### Süße Reise in die Vergangenheit …
### Maison Aroustéguy ℹ

Die beste Épicerie fine von Biarritz und dank der originalen Einrichtung von 1875 auch die schönste. Im Angebot: baskischer Kuchen, Gewürze, Käse, Wein …

5, avenue Victor-Hugo, T 05 59 24 00 52, www.arosteguy.com, Juli/Aug. Mo–Sa 9.30–19.30, So 11–13 Uhr, Nebensaison Mo morgens, So geschl.

### Schokoladenfels
### Chocolaterie Henriet ❷

Schokolade, Schokolade und sonst nichts – außer Kuchen. Markenzeichen ist der Rocher de Biarritz aus Schokolade in Felsform.

Place Georges-Clémenceau, T 05 59 24 24 15, https://chocolaterie-henriet.com, tgl. 9.30–19 Uhr

## ☀ Wenn die Nacht beginnt

Die Tapasbars am Vieux Port wie das **Crampotte 30** ❶ (30, allée Port des Pêcheurs, April–Juni, Sept.–Mitte Nov. Mi–So, Juli/Aug. tgl.) sind beliebte Spots. Mehr Ausblick und einen grandiosen Sonnenuntergang garantieren die Bars an der Côte des Basques südlich der Altstadt. Als da wären die **Bar de la Côte** ❷ (10 Boulevard du Prince de Galles, T 05 59 22 30 67, tgl. außer Mo in der Nebensaison) mit großer Terrasse und kleiner Speisekarte. Oder das herzerfrischend einfache

**Etxola Bibi** ❸ (Sq. J.-B. Lassalle, April–Okt. tgl. außer Di in der Nebensaison) mit dem defintiv tollstem Blick auf Küste und Berge.

## 🏄 Sport & Aktivitäten

### Baden, bitte!

Die Hausstrände von Biarritz sind **Plage Miramar** und **Grande Plage.** Beide Sandstrände sind auch bei Surfern angesagt. Winzig ist die **Plage du Vieux Port** am alten Hafen. Im Süden folgt die ellenlange **Plage de la Côte des Basques** und die familiäre **Plage Marbella.** Noch weiter im Süden liegt die **Plage Milady** mit behindertengerechtem Zugang.

### Surfin' Biarritz
### Biarritz Surf Training ❶

Einzelstunden, Kurse und Surfcamps im lokalen Volkssport. Es werden passend zu den Kursen auch Unterkünfte vermietet.

102, rue Pierre-de-Chevigné, T 05 59 23 15 31, www.surftraining.com

### Golfen am Golf
### Golf Biarritz Le Phare ❷

Der 18-Loch-Parcours ist nobel, die Spieler sind eher zugeknöpft, aber der Platz bleibt einzig.

Avenue Edith Cavell, T 05 59 03 71 80, www.golfbiarritz.com

## INFOS

**Biarritz Tourisme:** 1, square d'Ixelles, T 05 59 22 37 10, www.tourisme.biarritz.fr

## TERMINE

**Festival Biarritz-Amérique latine:** Das bedeutendste Festival des südamerikanischen Kinos. Eine Woche lang und sehr publikumsnah. Ende Sept./Anfang Okt., www.festivaldebiarritz.com

### Wanderer an den Start

**Bidart** (www.bidarttourisme.com) ist ein typisch baskisches Küstendorf 6 km südwestl., mit Pelota-Wand, Kirche und schmuckem Rathaus. Zum Ort gehören 5 km Küste mit sechs Stränden. An der von dichtem Grün gerahmten Plage d'Erretegia beginnt der 25 km lange **Küstenwanderweg** zum Grenzort Hendaye.

# St-Jean-de-Luz

📖 Karte 2, A 16

**Der schönste Ort an der Côte d'Argent (14 100 Einw.) verfängt mit sichelförmiger Sandbucht, zum Hinknien malerischer Uferpromenade inklusive Grandhotel sowie zauberhafter Altstadt. Der Hafen gilt zudem als der bedeutendste an der baskischen Küste, auf den Wellen schunkelnde bunte Bötchen inklusive. Eins noch: Das Angebot an typisch baskischen Läden in der Altstadt ist umwerfend (▸ S. 102).**

### Die Altstadt erkunden

Die **Maison Louis XIV** markiert das Herz der Altstadt an der Place Louis XIV. Im 1643 erbauten Reederpalais ist der junge Ludwig XIV., später der Sonnenkönig genannt, 1660 einen Monat residiert. Grund: Der Monarch schloss mit der Unterzeichnung des Pyrenäenvertrags Frieden mit Spanien. Aber doppelt hält bekanntlich besser. Und so bereitete sich Ludwig XIV. hier ebenfalls auf die Hochzeit mit der spanischen Infantin Maria-Theresia vor. Das Haus gehört seit 350 Jahren derselben Familie, die darauf achtet, dass das originale Interieur erhalten bleibt (www.maison-louis-xiv. fr, Führungen Mi–Mo Oster-/Herbstferien 11, 15, 16, Juni, Sept.–Mitte Okt. 11.30, 15, 16, 17, Juli/Aug. 10.30–12.30,

14.30–18.30 Uhr, 7 €). Das Jawort gaben sich Louis XIV. und Maria Theresia in der Kirche **St-Jean-Baptiste** (Rue Gambetta, 9–19 Uhr). Das auf den ersten Blick barocke Gotteshaus ist im Kern romanisch. Beeindruckend sind mehrstöckige Holzgalerien, zu denen früher nur die Männer Zutritt hatten. Der Prunkaltar mit seinen über vier Etagen verteilten Statuen wurde restauriert und glänzt wie im 17. Jh. Das älteste Haus der Altstadt stammt aus dem Jahr 1558 und steht in der malerischen **Rue de la République 17** (heute Restaurant Kaiku). Die Straße führt an den **Strand,** an dessen nördlichem Ende sich das von Mallet-Stevens Ende der 1920er-Jahre entworfene **Casino** erhebt. Wir folgen dem Strand zurück in Richtung Hafen, vorbei an baskischen Sommervillen, die Stege mit der Deichpromenade verbinden. Am Hafen fällt die mit wehrhaften Türmen bestückte **Maison de l'Infante** ins Auge (Quai de l'Infante, Mitte Juni–11. Nov. tgl. außer So und Mo morgens 11–12.30, 14.30–18.30 Uhr, 2,50 €, unter 18 Jahre gratis). Das Reederpalais ist ein imposanter Bau im Stil der italienischen Renaissance, in dem die Braut von Ludwig XIV., die spanische Infantin Maria Theresia, 1660 abgestiegen ist.

### ⌂ Hafen der Ruhe
**La Marisa**

Dicke Teppiche und Kassettendecken pochen auf *home, sweet home.* Die Zimmer mischen baskischen Stil mit britischer Note – sehr cosy. Bliebe noch der Patio fürs Frühstück, die ruhige Altstadtlage und die Nähe zum Strand.

16, rue Sopite, T 05 59 26 95 46, www. hotel-lamarisa.com | €€

### ⌂ Fast wie ein Privathaus
**La Devinière**

Der imposante Altbau in der Fußgängerzone gefällt wegen der privaten Atmosphäre, die an eine Chambre d'hôte denken lässt. Stiche, Gemälde, charmanter Trödel möblieren die Zimmer. Ein dickes Plus sind Garten und Salon.

5, rue Loquin, T 05 59 26 05 51, www. hotel-la-deviniere.com | €€€

# 14

## Baskisches Allerlei – **Powershopping in St-Jean-de-Luz**

**Nirgendwo sonst im Pays basque ist das Angebot an regionaler Tischwäsche, Feinkost oder Lederwaren größer als in der Hafenstadt. Die hübsche, fußläufige Altstadt, der Ruf baskischer Produkte und die grenznahe Lage sind eindeutige Standortvorteile.** ▼

Wir starten herrschaftlich in der **Maison de l'Infante** (▶ S. 101), im Showroom des baskischen Designers **Jean Vier** 1, dessen Boutiquenimperium bis nach Genf und Los Angeles reicht. Hier dominieren die bunten Streifen, die für die verschiedenen Provinzen des Baskenlands stehen – bei der Tischwäsche, bei Geschirr und Haushaltsartikeln.

Einen Steinwurf weiter blickt die **Maison Adam** 1 auf eine gut 350-jährige Firmengeschichte. Die hauchzarten Macarons sollen schon bei der Hochzeit von Ludwig XIV. mit der spanischen Infantin gereicht worden sein. Zu den Mandelplätzchen sind Pralinen und Schokoladen hinzugekommen. Zwei Häuser weiter kündigen riesige, knallrote Espelette-Piments die **Épicerie der Maison Adam** 2 an, die mit regionaler Feinkost auch von jenseits der französisch-spanischen Grenze punktet: Irouléguy-Weine, Thunfisch aus Navarra, Honig, Ossau-Käse …

Schinkenproduzent **Pierre Oteiza** 3 steht für die artgerechte Freilandhaltung seiner reinrassigen baskischen Borstentiere ein. In seiner Boutique werden Schinken der AOP du Kintoa, Chorizo oder Entenwurst zum Probieren auf einem Holzbrett aufgeschnitten. Kosten Sie!

### Käse und Karamell, Salami und Sandalen

Auf der Rue Gambetta, der umtriebigsten Einkaufsmeile von St-Jean-de-Luz, macht Feinbäcker **Pariès** 4 (Nr. 9) den Auftakt. Ein Traum sind die Schokoladenmousses Donibane oder Dorréa, die mit Mandelcreme, Kirschkonfitüre oder Schokolade gefüllten Gâteaux basques, der aus süßen

### Ü
#### ÜBRIGENS

Das **Le P'tit Suisse** 1 ist so etwas wie das Headquarter aller Shoppingfans. Was an der Lage, der Terrasse, den offenen Weinen und netten kleinen Speisen liegt (Place Louis XIV, T 05 59 51 85 51, abends tgl., mittags nur Fr–So, €–€€).

### N
#### NOCH WAS

In der Rue du Midi betreibt Sandrine Bordenave in stiller Seitenlage ihre Atelier-Boutique **Manufactoum** 10. Die Modelle der eigenen Marke Oum sind aus handweichem Leder hergestellt, das ein kleiner Gerberbetrieb liefert, oder aus fester, segeltuchartiger *Toile basque* (38, rue du Midi, www.sacsmanufactoum.com, Mo–Fr 9.30–12.30, 14.30–19, Sa 10–13, 15–19 Uhr, Juli/Aug. tgl.).

Mandeln hergestellte Touron oder die *kanougas*, weiche Karamellbonbons. Bei **Laffargue** 🛍 (Nr. 25) betritt man die 1890 eröffnete und bis heute erste Maroquinerie am Platz. Markenzeichen der original eingerichteten Lederwarenhandlung sind Messingnägel, mit denen die Lederwaren, allen voran Handtaschen und Gürtel, verziert sind.

Schräg gegenüber lockt die **Maison Thurin** 🛍 (Nr. 32). Im winzigen Ladenlokal gibt es erstklassigen baskischen Käse, Foie gras, Geflügel, baskischen Cidre und vieles mehr. Der Feinkostladen ist die beste Adresse, wenn es darum geht, den richtigen Käse zum Wein zu wählen.

Espadrilles in allen Farben und Größen, immer jedoch aus Stoff und mit geflochtener Flachs- und Hanfsohle, sind bei **Espadrille Pariès** 🛍 (Nr. 52) in bunten Kartons bis an die Decke gestapelt. Alle Modelle stammen aus eigener Fertigung! Konkurrenz macht dem Traditionsgeschäft das ebenso gut sortierte Geschäft **Sandales Bayona** 🛍 (Nr. 60): Eine riesige, aus Holz geschnitzte Sandale macht auf den Laden aufmerksam, der neben Espadrilles eher raffinierte Fußbekleidung für den Sommer führt.

## Overkill für alle Sinnesorgane

Keine Lust mehr auf Boutiquen? Dann ist der **Wochenmarkt** 🛍 eine Idee. Er gilt als der schönste, bunteste, reichste des Baskenlands. Der Andrang in der Markthalle und in den umliegenden Straßen ist gewaltig. Aber es lohnt sich in jedem Fall!

**INFOS/ÖFFNUNGSZEITEN**

**Jean Vier** 1: 2, quai de l'Infante, tgl. 10–12.30, 15–19 Uhr
**Adam** 1 2: 4 und 6, place Louis-XIV, tgl. 8–12.30, 14–19.30, Uhr
**Pierre Oteiza** 3: 10, rue de la République, tgl. 10–13, 14–19 Uhr
**Pariès** 4: 9, rue Gambetta, tgl. 8.30–20 Uhr
**Laffargue** 5: 25, rue Gambetta, Di–Sa 9.30–13, 14.30–19 Uhr
**Maison Thurin** 6: 32, rue Gambetta, Mo 10–13, 14.30–19.30, Di, Do–Sa 8.30–13, 14.30–19.30, Mi 9–13, 14.30–19.30, So 10–13,15–19 Uhr
**Espadrille Pariès** 7: 52, rue Gambetta, tgl. 10–19.30 Uhr
**Sandales Bayona** 8: 60, rue Gambetta, tgl. 10–19.30 Uhr
**Wochenmarkt** 9: Boulevard Victor Hugo, Di und Fr morgens, Juli/ Aug. auch Sa morgens

**Faltplan:** Karte 2, A 16 | **Dauer:** 1/2 Tag

### 🏠 Klein und fein
**Les Almadies**
Es gibt ganze sieben Zimmer in Pastelltönen, die Terrasse zum Frühstücksraum
ist ein Hideaway, das Ganze zudem
mitten in der Altstadt, in der verkehrsberuhigten Einkaufsmeile. Bleiben! Und
eins der Zimmer mit Balkon wählen.
58, rue Gambetta, T 05 59 85 34 48, www.
hotel-les-almadies.com | €€

### 🏠 Landliebe
**La Ferme Ostalapia**
Baskische Landherberge in Ahetze (8 km
östl.), mit bukolischer Gartenterrasse und
Blick auf die Pyrenäen. Elegant-rustikale
Zimmer im Design der 1930er-Jahre oder
mit moderner Kunst. Aus der Küche: Thun-
fisch-Carpaccio, Confit de Canard …
Chemin d'Ostalapia (D 855), T 05 59 54 87 42
(Restaurant T 05 59 54 73 79, Mi außer Juli/Aug.,
Juli/Aug. Mo–Sa mittags geschl.), www.ostalapia.
fr | €€–€€€

### 🍴 Baskische Hochküche
**Kaiku**
Für viele das beste baskische Restaurant
weit und breit, doch mit entschieden in-
novativem Ansatz: marinierte Makrelen
mit Brunnenkressejus und Schinken-
schaum, gegrillte Langustinen mit einer
Emulsion von Kokosnuss und Limetten.
Und auch der Saal mit seinen Natur-
steinwänden aus dem 16. Jh. gefällt.
17, rue de la République, T 05 59 26 13 20, www.
kaiku.fr, So/Mo geschl. | €€€

### 🍴 Dauerbrenner
**Zoko Moko**
Modernes Ambiente, innovative Küche:
macht einen Dauerbrenner der lokalen
baskischen Küche und trotz der hohen
Nachfrage eine ›ruhige Ecke‹. Das bedeutet auch der baskische Restaurantname.
6, rue Mazarin, T 05 59 08 01 23, www.zoko-
moko.com, So/Mo geschl. | €€ (mittags), sonst
€€€

### ☼ Unverwüstlich
**Le Bar Basque**
Generationen von Strandbesuchern haben
die Terrasse schon bevölkert. Die Tapas
sind ordentlich, das Essen ist traditionell

baskisch. Die Aperitifs und Cocktails,
darunter der 1946 kreierte Macca'B,
haben es in sich. Der Ort für alle *locals*
zum Sehen und Gesehen werden.
22, boulevard Thiers, T 05 59 85 16 63, tgl. | €–€€

### 🌊 Sand am Meer
**Grande Plage** heißt der breite, goldgelbe Sandstrand vor der Altstadt. Vor
kräftigen Brechern schützen Molen.

### 🌊 Abtauchen
**Odyssée Bleue Socoa**
Die baskische Küste ist reich an Grotten,
unterseeischen Canyons, Schiffswracks.
Hier wird gezeigt, wie man sie findet und
gefahrlos erkundet.
In Ciboure, Hangar 4, Chemin des Blocs, mobil 06
63 54 13 63, www.odyssee-bleue.com; am Fort
de Socoa, Kurse, Materialverleih

### 🌊 Bretter, die die Welle deuten
**École de Surf de Guéthary**
Surf- und Bodyboard, Stand-Up-Paddle-
Kurse für 6–77-Jährige. An einem der
bekanntesten Surfspots der Küste, der
Plage de Parlementia.
In Guéthary, 168, rue Suhara, Domaine de
Choreikin (Bidart), T 06 08 88 54, www.ecole-
de-surf-guethary-bidart.com

### ℹ Infos und Termine
**Office de Tourisme:** 20, bd. Victor
Hugo, T 05 59 26 03 16, www.saint-
jean-de-luz.com, https://pays-basque.
tourisme64.com
**Fête du Thon:** 2. Juliwochenende. Fest
zu Ehren des Thunfisches.
**Fête de la St-Jean:** Wochenende um
St. Johannis (24. Juni). Umtriebiges Stra-
ßenfest zu Ehren des Stadtpatrons.

### AUSFLÜGE VON ST-JEAN-DE-LUZ

#### Kostspielige Konkurrenz
**Ciboure** liegt St-Jean-de-Luz gegenüber
auf dem linken Ufer der Nivelle-Mün-
dung. Das hübsche Hafenstädtchen (6400
Einw., 📖 Karte 2, A 16) konkurrierte
jahrhundertelang mit St-Jean-de-Luz,
musste jedoch die Kosten für die Hochzeit
Ludwigs XIV. 1660 mittragen: 286 Schin-

ken und 192 Flaschen Wein für das reiche St-Jean-de-Luz, immerhin noch 100 Schinken für das bescheidenere Ciboure. Zum Strandviertel Socoa gehört das **Fort Socoa,** das die Mündungsbucht bewacht.

### Auf dem Rücken der Pferde …

3 km nördlich von Sare (▶ S. 106) startet am Col St-Ignace der **Petit Train de la Rhune.** Ziel der nostalgischen Zahnradbahn ist der 905 m hohe Gipfel **La Rhune** (🗺 Karte 2, A 16). Ein Wanderweg führt in 2,5 Std. ebenfalls nach oben (gelbe Markierung). Im Sommer zirpen die Grillen aus den Büschen, doch die Erkennungsmelodie des Bergs sind die Glocken an den Hälsen von schwarz- oder rotköpfigen Manech-Schafen, Kühen und freilebenden Pottok-Pferdchen, die zum Grasen auf die bis fast zum Gipfel ansteigenden Weiden getrieben werden. Besonders den stämmigen, ponygroßen Pottoks scheint das Terrain nichts auszumachen. Die robusten Tiere, auf deren breiten Rücken jahrhundertelang Schmuggelware über die grüne Grenze zwischen Spanien und Frankreich transportiert wurde, trifft man quasi auf Schritt und Tritt. Auf den letzten Metern wird die grüne Grenze nach Spanien überschritten, denn der Gipfel selbst liegt bereits in der Provinz Navarra. Der Blick vom Gipfel auf die baskische Küste und das Hinterland ist umwerfend.

Petit Train de la Rhune (bis Juni 2023 geschl.): Col St-Ignace, T 05 59 54 20 26, www.rhune.com, Mitte März–Anfang Nov. 9.30–12, 14–16 Uhr alle 40 Min. (Juli/Aug. 8.20–17.30 Uhr), einfach 17 €, hin/zurück 20 €. Online-Reservierung empfohlen. Buslinie 868 von St-Jean-de-Luz zum Col St-Ignace, Mitte Juli–Ende Aug. zudem Shuttle ab Bahnhof, in dem man auch das Ticket für den Petit Train kaufen kann.

## IN DER UMGEBUNG

### Schier grenzenloser Strand

Der Bidassoa trennt **Hendaye** (16 300 Einw., 🗺 Karte 2, A 16) von den spanischen Nachbarstädten Irun und Fuenterrabia. Alle drei reihen sich um die Chingoudy-Bucht. Die Grenzlage ist überall spürbar. Am endlos langen Strand

werden *churros,* frittiertes Spritzgebäck, verkauft. Apropos Strand: Hendaye ist nicht so postkartenschön wie die anderen Küstenorte des Baskenlandes. Dafür ist der sanft abfallende Strand familienfreundlich (www.hendaye-tourisme.fr).

### Delirierende Neogotik

Ein Küstenwanderweg (11 km, 3 Std., www.randonnee.tourisme64.com, Rückkehr mit der Buslinie 818 der Transports 64, www.transports64.fr, 6–20 Uhr stdl.) säumt die dramatisch schöne **Corniche Basque** von Hendaye zum Fort Socoa in Ciboure. Highlight ist zu Beginn das Château d'Abbadia, dessen Märchenschlosssilhouette der Kartograf und Forschungsreisende Antoine d'Abbadie in den Blütejahren des Second Empire von Viollet-le-Duc über die Corniche Basque setzen ließ (www.chateau-abbadia.fr, Juli/Aug. tgl. 10–12, 14–19 Uhr, Online-Reservierung obligatorisch, Nebensaison Mo geschl., 8 €). Wer sich über die Klippenküste informieren möchte, dem sei der Besuch der **Maison de la Corniche** weiter östlich empfohlen (Rte. de la Corniche, T 05 59 20 37 20, www.cpie-littoral-basque.eu, 10–13, 14–18.30 Uhr, Nebensaison So/Mo geschl., gratis). Auf dem ehemaligen Bauernhof **Asportosttipi** erfährt man alles über Fauna, Flora, Geologie … Noch weiter östlich tost der Atlantik unterhalb der Klippen. Und immer wieder schweift der Blick nach Nordosten bis zu den feudalen Hotelpalästen von Biarritz, im Südwesten zum endlosen Strand von Hendaye.

Warum nicht die Grenze überschreiten, wenn das Gute so nah liegt? Die **Tapasbars** im spanischen Fuenterrabia auf dem anderen Ufer des Bidassoa genießen einen sensationellen Ruf. Hin geht es mit Pendelfähre ab dem Jachthafen (Juli–Sept. 10–1, sonst 10–19 Uhr, hin und zurück 4 €).

# 15

# Landpomeranzen – **Dörfer im baskischen Hinterland**

**Sattgrün rollen die Graskuppen bis an den Horizont davon. Eingestreut in die pastorale Idylle sind die weißen Dörfer der baskischen Provinz Labourd. Gleich zwei davon zählen zu den ›plus beaux villages de France‹.**

Rot-weiße Fachwerkhäuser und ein klobiger Kirchturm entsprechen in **Ascain** 1 dem Bild eines typischen Baskendorfs des Labourd. Die Kirche Notre-Dame-de-l'Assomption wird wie für die Region typisch durch den Turm betreten. Traditionell nahmen die Frauen auf den Bänken im Langhaus Platz, während die Männer sich auf den dreistöckigen, reich verzierten Holzgalerien eine Etage höher versammelten. Nicht fehlen darf natürlich die Pelota-Wand neben der Kirche.

*Fassadendekoration der anderen Art …*

## Wer ist die Schönste im ganzen Land?

Wuchtige Mehrgenerationenhäuser strahlen in **Sare** 2 ein starkes Traditionsbewusstsein aus. Sare teilt sich mehr als 30 km Grenze mit der spanischen Baskenprovinz Navarra, was den Ruf als einstige Schmugglerhochburg erklärt. Heute trägt es den Ehrentitel ›Eines der schönsten Dörfer Frankreichs‹.

Drei weitere Sehenswürdigkeiten liegen außerhalb. Das **Musée du Gâteau basque** 3 im Weiler Lehenbizkai widmet sich dem baskischen Kuchen. Die **Grottes de Sare** 4 laden 6 km südlich zu einem Spaziergang durch ein Höhlensystem ein, das in vorgeschichtlicher Zeit bewohnt war. Ein echter Hingucker schließlich ist die 350 Jahre alte **Maison Ortillopitz** 5 im Weiler Elbarrun. Sie wurde mitsamt dem originalen Mobiliar liebevoll restauriert.

Die keck über eine Wiesenkuppe ragende Kirche ist das Erste, was man von **Ainhoa** 6 erblickt. Auch das bilderbuchschöne Straßendorf, dessen wuchtige, herausgeputzte Häuser sich über einen Hügelkamm reihen, gehört zu den ›plus beaux villages de France‹. Das Dorf ist eine Bastide, eine jener im 13. Jh. planmäßig angelegten Ortschaf-

**ÜBRIGENS**

Etwas Auslauf gefällig nach all der Autofahrerei? Hinter der besuchenswerten Kirche von **Ainhoa** 6 steigt der Fernwanderweg GR 10 (rot-weißer Doppelbalken, knapp 1 Stunde Fußweg) zur Kapelle Notre-Dame-d'Aranzazu an. Von der Kapelle schweift der Blick über die baskische Küste bis ins spanische Navarra.

ten des französischen Südwestens, daher die wie mit dem Lineal gezogene Anordnung der Häuser. Typisch sind das grüne oder rote Fachwerk mit farblich angepassten Fensterläden, das ausladende, auskragende Dach und die großen Tore, hinter denen sich eine Art Tenne öffnet. Seinen Reichtum verdankte Ainhoa der Lage am Jakobspilgerweg. Daran erinnert auch die wuchtige Kirche mit dem achteckigen Turm.

## Rot und scharf sei des Basken Leben

**Espelette** `7` – und *tout France* denkt an roten Pfeffer. Das Dorf ist dank der scharfen Schoten eine Gourmetmetropole. Wieder sind die Häuser wuchtig, ist das Fachwerk herausgeputzt. Etwas unterhalb vom Ortskern steht die festungsartige Kirche. Der Friedhof hütet eine Reihe von für das Baskenland typischen Scheibenkreuzen des 17./18. Jh. Über **St-Pée-sur-Nivelle** `8` geht es zurück nach Ascain. Die schmucke Hauptstraße leidet etwas unter dem Durchgangsverkehr. Ein Zwischenhalt lohnt jedoch wegen der reich ausgestatteten Kirche und des alten Waschhauses am Ortseingang.

*S*
*SCHARF*

In Espelette konkurrieren die zum Trocknen an die Häuser gehängten Pimentschoten mit dem roten Fachwerkgebälk. Piment d'Espelette würzt fast jede baskische Spezialität, inklusive Schokolade. Im Rathaus zeigt die Ausstellung »Le Piment dans le monde« (Château des Barons, www. espelette-paysbasque. com, Mo–Fr 8.30–12.30, Sa 9.30–12.30, Juli/Aug. zusätzlich Sa 14–18, So 10–13 Uhr) Wissenswertes zur im 17. Jh. via Spanien ins Baskenland eingeführten Pfeffer- oder Chilischote.

---

INFOS/ÖFFNUNGSZEITEN

**Musée du Gâteau basque** `3`: www. legateaubasque.com, Führungen April–Sept. Di, Do, Fr 11, 14.30 und 16 Uhr, Juli/Aug. auch Mo und Mi, 9 €, mit Verköstigung 17–43 €. Backkurs Do 14.30 Uhr, 20–44 €
**Grottes de Sare** `4`: www.grottesde sare.fr, Führungen Feb./März, Nov./Dez. Mo–Fr 14–17, Sa/So 13–17, April–Juli, Sept. 10–18, Aug. 10–19, Okt. 10–17 Uhr, 10 €
**Maison Ortillopitz** `5`: www.ortillopitz. com, Anfang April–Sept. Führungen Mo–Fr 16, Mitte Juli–Mitte Aug. auch 11.30 und 14.30 Uhr, 10 €.

---

ERFRISCHEND!

Das **Olhabidea** `1` ist ein baskischer Bauernhof aus dem 16. Jh. mit großem

Gemüsegarten und 4 ha großem Park. Die Küche ist baskisch-raffiniert. Es gibt auch Zimmer (Sare, 2, quartier Ste-Catherine, Chemin d'Olha, T 05 59 54 21 05, www. olhabidea.fr, Mi abends–So mittags, €€–€€€).

---

# Hin & weg

**Mit dem Auto**
Aus **Nord- und Westdeutschland** führt der Weg über Paris. Von dort geht es über die A 10 via Poitiers nach La Rochelle und Bordeaux. Von Bordeaux leitet die A 10 weiter nach Biarritz und bis zur spanischen Grenze.
Reisende aus **Süddeutschland** fahren ab Metz über die A 31 via Nancy bis Dijon oder über die A 36 via Besançon bis Beaune. Von dort geht es weiter über die A 6 bis Lyon, von man die A 70 und A 72 via St-Etienne zum Schnittpunkt mit der A 20 nördlich von Brivela-Gaillarde nimmt. Weiter geht es über die A 89 nach Bordeaux. Autobahnen (*autoroutes*) sind gebührenpflichtig (*péage;* man kann mit Bargeld oder Kreditkarte bezahlen). Vor der Reise sollte man sich einen Auslandsschutzbrief (Unfall, Krankheit, Diebstahl) besorgen. Deutsche sind mit der grünen Versicherungskarte gut beraten.

**Mit dem Flugzeug**
**Linie:** Air France fliegt von sieben großen deutschen Flughäfen via Paris nach Bordeaux und Biarritz. Vom elsässischen Mulhouse geht es auch direkt nach Bordeaux, T 069 29 99 37 72, www.airfrance.de.
**Low Cost:** Nach Bordeaux fliegt Easyjet von Berlin-Schönefeld, vom elsässischen Flughafen Basel-Mulhouse, www.easyjet.com, Ryanair vom belgischen Charleroi (sowie nach Biarritz), www.ryanair.com, und Volotea von München, www.volotea.com. Infos zu Flugverbindungen auch unter www.bordeaux.aeroport.fr

**Mit dem Zug**
ICE von Frankfurt, Mannheim, Kaiserslautern, Saarbrücken, Köln (www.bahn.de), Thalys von Köln (www.thalys.com), französischer Hochgeschwindigkeitszug TGV von München, Stuttgart, Karlsruhe, Augsburg (www.voyages-sncf.com) nach Paris. Weiter ab Paris (Gare de Montparnasse) mit dem TGV nach Bordeaux (ca. 20 Züge tgl., Dauer 2 Std. 5 Min.), La Rochelle (2 Std. 30 Min.), www.sncf-connect.com

**Einreise- und Zollbestimmungen**
Für die Einreise nach Frankreich benötigen Sie einen Personalausweis oder Reisepass. Kinder benötigen unabhängig vom Alter einen eigenen Ausweis. Die Mitnahme von Waren für den privaten Gebrauch innerhalb der EU unterliegt keinen Zollbeschränkungen. Als persönlicher Bedarf gelten z. B. max. 800 Zigaretten, 10 l alkoholische Getränke von über 22 % Vol., 90 l Wein oder 110 l Bier. Für Schweizer Bürger gelten deutlich geringere Freimengen.

Behandlungskosten bei niedergelassenen Ärzten werden von der Krankenkasse gegen Vorlage der Rechnung in Höhe der deutschen Sätze erstattet. Die Europäische Krankenversicherungskarte (EHIC), die gesetzlich Versicherte von ihrer Krankenkasse erhalten, erleichtert die Abrechnung von Krankenhauskosten. Eine zusätzliche Reisekrankenversicherung sichert nicht gedeckte Kosten. Adressen deutschsprachiger Ärzte über die Diplomatischen Vertretungen (▶ S. 109).
Im **Notfall** rufen unter der landesweit einheitlichen Telefonnummer 15 einen Krankenwagen oder Notarzt (S.A.M.U.). Bei Vergiftungen hilft rund um die Uhr das Centre antipoison der Uni-Klinik Bordeaux weiter, CHU Bordeaux, Place Amélie Raba Léon, 33076 Bordeaux Cedex, T 05 56 96 40 80, https://centres-antipoison.net/capbordeaux.
**Apotheken** (*pharmacies*) sind am grünen Neonkreuz zu erkennen. Dort bekommt man Medikamente für viele Erkrankungen auch ohne Rezept. Notdienste sind in den Fenstern angegeben.

## INFORMATIONSQUELLEN

**Atout France – Französische Zentrale für Tourismus**
www.atout-france.fr
**Deutschland:** Postfach 10 01 28,
60001 Frankfurt/Main,
info.de@france.fr, de.france.fr
**Österreich:** T 01 503 28 92,
info.at@france.fr, at.france.fr
**Schweiz:** info.ch@france.fr, ch.france.fr

**Nouvelle Aquitaine Tourisme:**
interaktive Webseite (auch auf Englisch),
www.nouvelle-aquitaine-tourisme.
com/en

## KINDER

**Unternehmungen**
Eine Attraktion auch bei mäßigem Wetter
sind die **Hochseeaquarien** an der
Atlantikküste, wie das Aquarium in La
Rochelle (▶ S. 16), in dessen Becken
sich Papageienfisch und Hammerhai
tummeln, oder das Aquarium in Arcachon
(▶ S. 66). Ein Tipp (nicht nur) für kleine
Süßmäuler: In Terrasson in der Dordogne
lädt Chocolatier Valter Bovetti ins **Musée
du Chocolat** (www.bovetti.com). Kinder
können an Workshops teilnehmen und
natürlich probieren. **Bötchentouren**
lassen Kinderherzen höherschlagen: Zur

*Savoir vivre: Die Kürbissuppe wird mit einem Schuss Rotwein verfeinert, der passt eben einfach zu allem!*

Auswahl steht eine Fahrt mit dem Nachen
durch das ›grüne Venedig‹ des Marais
Poitevin (▶ S. 24), eine mit Barke auf
dem Courant d'Huchet (▶ S. 82), eine
Bootsfahrt auf der Charente in Saintes
(▶ S. 41). Ein **Petit Train** (Touristen-
bähnchen) lockt in Cap Ferret, wo auch
der **Freizeitpark von La Hume** für
Kurzweil steht. Ein besonderes Ziel ist der
**Zoo von La Palmyre** (▶ S. 40). Wo an
der Küste wie etwa in Carcans-Maubu-

## SICHERHEIT UND NOTFÄLLE

An einsamen Strand- oder Wan-
derparkplätzen nichts im Wagen
zurücklassen! In größeren Städten
steht der Wagen (besonders nachts)
besser im Parkhaus. Wertgegenstände
nie auf Beifahrersitz oder Rückbank
liegen lassen. Märkte oder größere
Menschenansammlungen sind immer
ein ideales Terrain für Taschendiebe.
Diebstähle müssen auf einer Polizei-
dienststelle gemeldet werden, damit
der Schaden eventuell von der Reise-
gepäckversicherung getragen wird.

**Notrufnummern**
**Polizei:** 17
**Feuerwehr:** 18
**Bankkartensperrung:** +49 116 116
**Deutsche Botschaft:**
T +33 (0)1 53 83 45 00,
www.allemagne.diplo.de
**Österreichische Botschaft:**
T +33 (0)1 40 63 30 63,
www.bmeia.gv.at/oeb-paris/
**Schweizer Botschaft:**
T +33 1 49 55 67 00,
www.eda.admin.ch/paris

*Von kräftigem Blau und Grün bis hin zu zarten Pastelltönen: Die Farben an der französischen Atlantikküste haben schon so manchen Maler für sich eingenommen.*

isson, Fouras, Hossegor oder Biarritz das Label **Club de Plage** gezeigt wird, sind Kinder bestens aufgehoben. Dort findet man spezielle Angebote für Kinder zwischen vier und zwölf Jahren, so z. B. Kurse in Segeln und Schwimmen, Radwege, Spielgeräte oder Betreuer, die die Kleinen ins Sandburgenbauen einführen (www. clubs-de-plage.com).

### REISEN MIT HANDICAP

Auf folgenden Webseiten finden sich Tipps für behindertengerechtes Reisen: www.nouvelle-aquitaine-tourisme.com/ de/praktische-infos/reisen-mit-handicap www.handiloisirs-nouvelleaquitaine.fr/ activites/tourisme/

### SPORT UND AKTIVITÄTEN

### Drachen-, Gleitschirmfliegen

Die breiten Strände sind ideale Landepisten. Kommen hohe Dünen als Starthelfer hinzu, steht dem Vergnügen nichts mehr im Weg. Gute Spots sind u. a. die Düne von Pilat, die Pointe de Grave und viele Orte in den Landes, etwa Moliets und

Hossegor. Alle Plätze kann man auf http:// federation.ffvl.fr mit einer interaktiven Karte recherchieren.

### Golf

Auf der Seite www.ligue-golfna. org kann man sich zu den fast 80 Golfplätzen in der Aquitaine und im Poitou-Charentes durchklicken (nur auf Französisch).

### Kanu, Kajak, Rafting

Die Sümpfe, Salzseen und Flüsse des Hinterlands bieten zahlreiche Möglichkeiten, zum Paddel zu greifen. Immer beliebter wird auch das Kajak auf dem Meer, wobei die ruhigeren Gewässer der Charente-Maritime eindeutig geeigneter sind als die hohen Wellen tiefer im Süden. Informationen über die Fédération Française de Canoë-Kayak auf www.ffck.org unter »Fédération« mit Wahl der Region und der Sportart (nur französisch).

### Radfahren

In Naturschutzgebieten wie den Landes oder dem Marais Poitevin durchziehen Fernradwege *(véloroutes)* die Wälder und Sümpfe. Sogenannte *voies vertes* sind ganz für den motorisierten Verkehr gesperrt – oft folgen die Pisten stillgelegten Bahnstrecken (www.voiesvertes.com). Auf der bei betuchten Parisern beliebten Île de Ré ist das Rad geradezu chic. Auch in Städten wie La Rochelle und Bordeaux sind Radwege gut ausgebaut. Weitere Informationen über die Website der Fédération francaise de cyclotourisme: www.ffct.org.

### Reiten
Mehrere Hundert Kilometer Reitwege verlaufen längs oder nahe der Küste. Informationen über Reitwege, Reitställe und Reitschulen finden sich für jedes Departement auf der Website www.terre-equestre.com. Für die Region informieren zudem das Comité Régional d'Equitation de Nouvelle Aquitaine, www.chevalnouvelleaquitaine.fr, und das Portal www.cheval-aquitaine.com.

### Segeln
Jachthäfen an der Küste sind auf der Website der ›Fédération française des ports de plaisance‹ aufgeführt, www.ffports-plaisance.com. Ebenso häufig trifft man auf Segelschulen. Strandorte, die sich besonders auf Segelsportler eingerichtet haben, tragen das Label ›Station Voile‹. Segelschulen mit dem Emblem ›École française de voile‹ bürgen für hohe Professionalität und Sicherheit. Überblick von Segelschulen und -revieren im Portal der Fédération Française de Voile: www.ffvoile.org.

### Surfen, Kitesurfen
Surfschulen gibt es an der gesamten Atlantikküste. Beliebte Reviere sind auch die Salzseen hinter der Küste. Hinweise auf Schulen mit dem Qualitätslabel ›École française de surf‹ im Portal der Fédération Française de Surf, dazu Aktuelles aus der Surferszene: www.surfingfrance.com.

### Wandern
Ein Netz von Fernwanderwegen (Sentier de Grande Randonnée, GR, rot-weiße Markierung) durchzieht die Küstenregionen von La Rochelle bis Hendaye. Zu den schönsten zählen der GR 360 zu den romanischen Kirchen um Saintes, der GR 8 längs der Côte d'Argent oder der anspruchsvolle GR 10 durch die baskischen Pyrenäen. Wer mehrtägige Strecken scheut, kann mithilfe eines Wanderführers aus der Edition »Topo-Guide« (im französischen Buch- und Zeitschriftenhandel) ein Teilstück beliebiger Länge heraussuchen (Streckenverläufe und Wanderunterkünfte im Internet: www.gr-infos.com). Vier Jakobswege kommen für Fernwanderer hinzu, www.compostelle-france.fr. Neben den GR sind viele kürzere Rundwanderwege ausgezeichnet, die zu einer Halb- oder Tageswanderung einladen (PR, blaue Markierung: bis zu 2 Std., gelb: bis zu 4 Std., grün: bis zu 6 Std). Einige Verkehrsämter bieten zudem selbst in kleinen Orten Faltblätter mit Kurz- und Tagestouren an. Weitere Informationen über die Fédération française de randonnée pédestre: www.ffrandonnee.fr.

### Thalassotherapie
Wellness mit Meerwasser verheißt ein sinnliches Vergnügen. Das Dossier thermal stellt die für jeden Neuankömmling eigens ausgeklügelte Wellnessdramaturgie zusammen. Jacuzzi, Inhalieren mit zerstäubtem Meerwasser, Starkstrahldusche, Hammams, Gegenstromschwimmen, Rückenschule, Algentherapie, Aqua-Stretching, Yoga, Atemgymnastik am Strand. Die Centres de thalassothérapie der Île de Ré, von Châtelaillon, Royan, Arcachon, Anglet, Biarritz, St-Jean-de-Luz, Hendaye helfen, sich von Stress, Tabaksucht, Rückenschmerzen, Schlafstörungen oder einfach vom Alltag zu verabschieden (www.thalasso-line.com).

## ÜBERNACHTEN

### Hotels
Hotels werden nach Sternen (1 bis 5) eingeteilt. Die Sterne sagen in der Regel wenig über den Charme eines Hauses aus, sondern spiegeln Komfortstandards wider – so verfügen 3-Sterne-Häuser über einen Aufzug und ein Telefon im Zimmer.

*Bordeaux ist Rekordhalter: Hier steht die längste Liftbrücke Europas, damit auch das dickste Kreuzfahrtschiff die Brücke bequem passieren kann.*

### Chambre d'hôte

So heißt die französische Variante von Bed & Breakfast. Einige Chambres d'hôte erinnern an Luxusunterkünfte aus internationalen Inneneinrichtungsmagazinen. Sie heißen dann Chambres d'hôte de charme, entsprechend hoch sind die Preise. Im schönsten Fall kommt bei der Chambre d'hôte eine table d'hôte hinzu – die Möglichkeit, gemeinsam mit den Besitzern und anderen Gästen zu speisen. Ferme-

> #### ÜBERNACHTUNGSPREISE
>
> €    bis 70 Euro
> €€   70 bis 120 Euro
> €€€  über 120 Euro
> Preise für ein Doppelzimmer mit Frühstück

auberges (Bauernhöfe mit Restaurant, oft mit Zimmern) sind vor allem im Hinterland zu finden. Achtung: Bei vielen privaten Anbietern kann man nicht mit der Kreditkarte bezahlen!

### Ferienhäuser

Die Kataloge der Großveranstalter Terramar, Airtours, DERTOUR, TUI, ADAC Reisen oder Thomas Cook erhält man im Reisebüro. Bei Pierre & Vacances, dem größten französischen Freizeitimmobilienanbieter, hat man die Wahl zwischen Feriendörfern, Residenzen, Hotels und Villen. Reservierungszentrale T 0221 973 03 07 00, www. pierreetvacances.com.

### Camping

Vom luxuriösen Platz mit Pool, Tennisplatz und Showprogramm bis zum einfachen Camping municipal (städtischer Campingplatz) findet jeder einen Platz nach seinem Geschmack. Oft werden neben den Zelt- und Stellplätzen auch Chalets und Mobil Homes angeboten.

### Jugendherbergen

Eine Auberge de jeunesse findet man in La Rochelle, Saintes, Anglet, Rochefort-sur-Mer, Blanquefort (Bordeaux), Biarritz. Ein Jugendherbergsausweis ist erforderlich. Näheres über www. fuaj.org.

## VERKEHRSMITTEL

### Bahn

Alle wichtigen Orte sind mit den Zügen des regionalen TER-Bahnnetzes (Transport Express Régional, T +33 892 35 35 35 aus dem Ausland, 36 35 in Frankreich, https://m.ter.sncf. com/nouvelle-aquitaine) oder mit dem Hochgeschwindigkeitszug TGV (www. sncf-connect.com) verbunden. 100 km Zugfahrt kosten ohne Zuschlag ca. 20 €. Fahrscheine, Infos und Ermäßigungen ebenfalls unter www. sncf-connect.com (auch auf Deutsch) oder innerhalb Frankreichs unter T 36 35, 7–22 Uhr (34 Cent/Min.).

**Bus**

Busverbindungen in der Region Nouvelle Aquitaine (Knotenpunkte im Reisegebiet: La Rochelle, Rochefort, Royan) unter www.transbus.org/reseaux/r_nouvelle-aquitaine.html. Die Küste der Charente-Maritime und die Inseln bedient das departementale Busunternehmen Les Mouettes, www.lesmouettes-transports.com. Busverbindungen in der Region Aquitaine einschließlich Baskenland (Knotenpunkte: Bordeaux, Arcachon, Bayonne, Biarritz) unter https://m.ter.sncf.com/nouvelle-aquitaine. Die Küste der Gironde wird von Regionalbussen erschlossen (https://transports.nouvelle-aquitaine.fr/cars-regionaux/reseau-et-horaires/gironde), ebenso wie die der Landes (https://transports.nouvelle-aquitaine.fr/cars-regionaux/reseau-et-horaires/landes) und der Pyrénées Atlantiques (https://transports.nouvelle-aquitaine.fr/cars-regionaux/reseau-et-horaires/pyrenees-atlantiques). 100 km im Bus kosten ca. 12 €.

**Taxi**

Neben der Grundgebühr (2,10–3.55 €) berechnet sich der Preis pro Kilometer und variiert je nach Département: Kilometerpauschale ca. 1–1,50 €, an Sonn- und Feiertagen wird ein höherer Tarif berechnet, in Einzelfällen (nachts) bis 3 €. Für Gepäckstücke ab 5 kg sind 3 € Aufpreis fällig, der Mindestbetrag für eine Taxifahrt ist 7,10 €.

**Eigenes Auto**

**Pannenhilfe:** Auf Autobahnen kann Hilfe über Notrufsäulen angefordert werden, sonst über den Polizeinotruf 17. ADAC: T +49 89 22 22 22.

**Verkehrsregeln:** In Ortschaften gilt 50 km/h, auf Landstraßen 80 km/h, auf Schnellstraßen 110 km/h, auf Autobahnen 130 km/h Höchstgeschwindigkeit. Alkoholgrenze: 0,5 Promille. Anschnallen auf allen Sitzen ist Pflicht. Parkverbot vor Postämtern, Polizeistationen, Krankenhäusern, vielen Schulen und Kindergärten, an gelb markierten Bordsteinen.

**Verkehrsfunk:** Frequenz FM 107,7

**Tanken:** Es gibt Super (95 Oktan), Super E10 (95 Oktan) und Super plus (98 Oktan) oder Gazole (Diesel). Die Aufschrift ›poid lourds‹ bezeichnet Lkw-Diesel. Sehr günstig tankt man an Zapfsäulen der großen Supermärkte.

**Leihwagen**

Am Flughafen von Bordeaux sowie an den Bahnhöfen von La Rochelle oder Biarritz und in vielen weiteren Orten sind alle großen Autoverleiher vertreten. Günstige Angebote findet man etwa bei www.holidayautos.de, www.sunnycars.de.

## DER UMWELT ZULIEBE – NACHHALTIG REISEN

Die französische Atlantikküste schaltet auf Grün. Moderne Kläranlagen sind selbstverständlich, Radwege entstehen, Solarzellen werden Standard, ökologische Landwirtschaft ein Breitenphänomen. Im Netz kann man sich auch informieren unter:

**www.fairunterwegs.org:** Fair Reisen anstatt nur verreisen – der schweizerische Arbeitskreis für Tourismus und Entwicklung erklärt, wie das geht.

**www.oete.de:** Das Portal des Vereins Ökologischer Tourismus in Europa erklärt, wie man ohne Verzicht umweltverträglich reisen kann.

**Die französische Atlantikküste ›nachhaltig‹:** Der sparsame Umgang mit Wasser, um den viele Hotels bitten, ist in einer von sommerlichen Hitzewellen geplagten Region ein sinnvoller Schritt. Lassen Sie den Wagen stehen und nutzen Sie die Angebote des öffentlichen Nahverkehrs. Auf Märkten kauft man am besten die Produkte lokaler Anbieter, von denen immer mehr biologisch produzieren.

# O-Ton Französische Atlantikküste

**Tout va bien?**

Alles klar?
*flotte, freundliche Begrüßungsformel*

*La mer est belle.*

**Il faut manger quand c'est chaud.**

Das Meer ist schön.
*Soll heißen: wenig Wellen, ideales Badewetter*

**s'il-vous-plaît**

bitte

Man muss essen, so lange es warm ist.
*Beim Essen wird nicht gewartet, bis alle Teller auf dem Tisch stehen.*

*Salut!*

Hallo/Tschüss!

**BONJOUR!**

Guten Tag!

**KAIXO!**

Guten Tag!
*Baskisch, das ›x‹ wie ›sch‹ aussprechen!*

*Au revoir!*

Auf Wiedersehen!

**Merci!**

Danke!

**Quel bordel!**

Was für ein Saustall/Puff!
*Was für ein Durcheinander!*

**mener la vie de château**

ein Leben wie im Schloss führen
*es sich gut gehen lassen*

**A**

Abbaye aux Dames  38
Abbaye de La Sauve-
  Majeure  56
Abbaye des Châteliers
  23
Abbaye de St-Pierre  25
ADAC  113
Adour  65, 81, 92
Aignan  86
Ainhoa  106
Aire d'Acceuil de la
  Dune du Pilat  72
Aktivitäten  110
Albeau, Antoine  120
Alkoholgrenze  113
Allée ostréicole  27
Anreise  108
Anschnallpflicht  113
Apotheken  108
Aquitaine  6, 40
Arcachon  7, 65, 66
– 18 heures de voile
  d'Arcachon  71
– Bäderarchitektur  4
– Bootsfahrten  70
– Cannelés  70
– Casino  66
– Chaussée des Pieds
  marins  67
– Criée  66
– Fêtes de la Mer  71
– Frères Pereire  68
– Hôtel Ville d'Hiver  66
– Kathedrale Notre-
  Dame  66
– Le Moulleau  66
– Musée Aquarium  66
– Notre-Dame-des-
  Passes  66
– Observatoire Ste-Cécile
  68, 69
– Parc Mauresque  68
– Passerelle St-Paul  68
– Place Fleming  69
– Plage des Abatilles  70
– Plage Péreire  70
– Société Immobilière  68
– Temple Protestant  69
– Union des Bateliers
  arcachonnais  70
– Villa Alexandre Dumas
  69

– Villa Brémontier  69
– Villa Carmen  69
– Villa Faust  69
– Villa Graigcroston  69
– Villa Teresa  69
– Villa Trocadéro  69
– Villa Vincenette  69
– Ville d'Automne  66
– Ville d'Été  66
– Ville d'Hiver  66, 68, 69
– Winterstadt  68
Arcachon, Bassin d'  4,
  5, 65, 74
Arcais  24
Arès  75
Ars-en-Ré  26
Ärzte  108
Ascain  106
Atout France  109
Auslandsschutzbrief  108
Austern  5, 6, 10, 11,
  27, 34
Autofahren  113

**B**

Bahn  112
Banc d'Arguin  72
Bankkartensperrung  109
Baskenland  4, 5, 11,
  91, 106
Bassin de Marennes  34
Bauernhofurlaub  112
Bayonne  65, 81, 92
Begonie  31
Begon, Michel  31
Behinderte  110
Belle Époque  65, 96
Bergerie des Vignerons
  de Tursan  85
Biarritz  7, 96
– Avenue de la Reine
  Victoria  97
– Chapelle Impériale  97
– Cité de l'Océan et du
  Surf  97
– Festival Biarritz-
  Amérique latine  100
– Grande Plage  97, 100
– Hôtel du Palais  97
– Musée de la Mer  97
– Musée Historique  97
– Phare  96
– Plage Miramar  100

– Pointe St-Martin  96
– Port des Pêcheurs  97
– Rocher de la Vierge  97
– Tapasbars  100
– Vieux Port  100
– Zentrum für Thalasso-
  therapie  99
Bidart  101
Bidassoa  105
Biscarrosse  74
Bisc'Aventure Parc  76
Blaye  54
Bordeaux  7, 43, 44, 48,
  56, 111
– Bacalan-Viertel  50, 53
– Base sous-marine  50
– Basilika St-Michel  44
– Blue Lion  51
– Bord'eau Village  48
– Bordeaux fête le fleuve
  54
– Bordeaux fête le vin
  54
– Bourse Maritime  49
– Caserne des Pompiers
  de la Benauge  51
– Centre d'architecture
  et de design Arc en
  rêve  50
– Chartrons-Viertel  45,
  53
– Cité Botanique  51
– Cité du Vin  7
– Cours Georges
  Clemenceau  44
– Fontaine des Trois
  Grâces  49
– Galérie des Beaux-Arts
  51
– Galérie des Chartrons
  49
– Gare d'Orléans  51
– Garonne  44
– Grand Théâtre  44
– Grosse Cloche  44
– Hangar 14  48
– Hotel Seeko'o  48
– Jardin Botanique  51
– Märkte  45, 53
– Miroir d'Eau  5, 44, 49
– Monument aux
  Girondins  49
– Musée d'Aquitaine  51

# Register

- Musée d'Art Contemporain 45
- Musée des Arts Décoratifs et du Design 51
- Musée des Beaux-Arts 51
- Musée du Vin et du Négoce 45
- Nuit des Rollers 44
- Place Canteloup 44, 53
- Place de la Bourse 49
- Place de La Comédie 44
- Place des Capucins 53
- Place St-Pierre 44
- Pôle universitaire de Sciences de Gestion 51
- Pont de Pierre 51
- Rathaus (Mairie) 45
- Roller Skate Park 49
- Rue Ste-Catherine 44
- Skaten 44
- St-André 45
- St-Pierre 44, 48
- Triangle d'Or 44
Bordelais 7, 11, 43, 54
Botschaften 109
Bourcefranc-Le Chapus 32
Bourg 54
Bové, José 120
Boyardville 33
Brouage 32
Busverbindungen 113

**C**
Cabanes des Créateurs 32
Camping 112
Capbreton 89
Cap Ferret 7, 65, 70, 72
Castelviel 57
Centre international de la Mer 31
Centres de thalassothérapie 111
Chambre d'hôte 112
Chanel, Coco 77
Charente 38
Charente-Maritime 6, 8, 15
Château Bouscassé 87

Château Cos-d'Estournel 60
Château d'Abbadia 105
Château de Paloumey 58
Château de Viella 87
Château du Taillan 58
Château Lafite Rothschild 59
Château Loudenne 60
Château Margaux 58
Château Mouton Rothschild 58
Chingoudy-Bucht 105
Ciboure 104, 105
Cidre 93
Cité de l'Huître 35
Cité du Vin 50
Claires 34
Col St-Ignace 105
Contaut, Lagune von 63
Contis-Plage 81
Corniche Basque 105
Côte d'Argent 65, 66, 77, 101, 111
Côte de Beauté 4, 15, 40
Côtes de Gascogne 89
Coulon 24
Courant d'Huchet 82, 84
Créon 56
Culottes 23

**D**
Diplomatische Vertretungen 109
Domaine de Montgrand 85
Drachenfliegen 110
Dune du Pilat 7, 65, 72

**E**
Écomusée de la Grande Lande 81
Écomusée de Marquèze 78
Einreise 108
Entre-Deux-Mers 44, 56
Espelette 107
Espiet 56
Essen & Trinken 10
Étang Blanc 85
Étang d'Aureilhan 76

Étang de Biscarrosse-Parentis 76
Étang de Cazaux et de Sanguinet 76
Étang Noir 85
Europäische Krankenversicherungskarte 108

**F**
Fahrradverleih 22, 27
Ferienhäuser 112
Ferme-auberges 112
Fernwanderwege 111
Festival Cadences 71
Flughafen 108
Forêt Dominiale de la Coubre 40
Fort Enet 30
Fort Louvois 32
Fort Vauban 27
Fouras 6, 27
- Fort Boyard 31
Fuenterrabia 105

**G**
Garonne 10, 43, 48
Gascogne 11, 86
Gesundheit 108
Gironde 4, 6, 54, 60
Girondins 120
Glaciers 67
Gleitschirmfliegen 110
Golf 110
Golfe de Gascogne 86
Grottes de Sare 106
Guillotin, Joseph-Ignace 120
Guingettes 48

**H**
Hendaye 101, 105, 111
Höchstgeschwindigkeit 113
Holls, Steven 97
Hossegor 88
Hotels 111

**I**
Île d'Aix 22, 30
Île de Ré 4, 6, 15, 23, 111
Île d'Oléron 32
Information 109

**J**
Jakobsweg (Camino Francés) 5, 111
Jugendherbergen (Auberges de jeunesse) 112
Juppé, Alain 48

**K**
Kajakfahren 110
Kanufahren 110
Kinder 108, 109
Kitesurfen 111
Küstenschutzprogramm 6

**L**
Laban, Olivier 71
Labourd 106
Lacanau 63
Lacanau-Océan 63
Lac d'Hourtin-Carcans 63
La Cotinière 32
La Flotte 23
Landes 6, 7, 10, 65
La Rhune 8, 91, 105
La Richardière 19
La Rochelle 15, 16, 18, 111
– Aquarium 16
– Boote 22
– Bus de Mer 16
– Café de la Paix 18, 19
– Festival International du Film 23
– Hôtel de Crussol d'Uzès 21
– Hôtel de Ville 17
– Kolonialgeschichte 17
– Le Gabut 16, 19
– Le Mail 17
– Les Francofolies 23
– Leuchtturm 16
– Maison Henri II 17
– Markt 19, 22
– Musée des Beaux-Arts 21
– Musée du Nouveau Monde 17
– Musée Maritime 16
– Musée rochelais d'Histoire protestante 17

– Muséum d'Histoire Naturelle 17
– Parc Charruyer 17
– Passeur électrique 16
– Place de la Fourche 16
– Port des Minimes 16
– Quartier St-Nicolas (Viertel) 16
– Simenon, Georges 16
– Sklavenhandel 17
– St-Louis 17
– Sunny Side of the Doc 23
– Temple protestant 17
– Termine 23
– Tour de la Chaîne 16
– Tour de la Lanterne 16
– Tour St-Nicolas 16
– Vieux Port 16
La Teste 68
Latresne 56
La Winery 58
Le Château d'Oléron 32
Leihwagen 113
Les Cabanes des Créateurs 36
Les Portes-en-Ré 26

**M**
Madiran 86, 89
Maillé 24
Maison des Vins de l'Entre-Deux-Mers 56
Maison du Marais Poitevin 25
Maison Ortillopitz 106
Manoir de Woolsack 77
Marais de la Pipe 83
Marais Poitevin 6, 15, 24
Marans 25
Marennes 5, 6, 34
Märkte 113
Marquèze 78
Marsilly 19
Médoc 6, 60
Médocaines 58, 60
Meeresfrüchte 6, 10
Messanges 85
Mietwagen 113
Mimizan 76
Mimizan-Bourg 76
Mimizan-Plage 76

Mitterrand, François 85, 120
Moliets-Plage 83
Mornac-sur-Seudre 34
Musée de l'Hydraviation 74
Musée des Phares et des Balises 55
Musée du Gâteau basque 106
Musée Ernest-Cognacq 29
Musée National de la Marine 31

**N**
Napoléon III 78, 96
Nieul-sur-Mer 19
Nive 92
Nivelle 104
Notfall 108, 109
Nouvelle Aquitaine (Region) 113

**P**
Pannenhilfe 113
Parc Naturel Régional des Landes de Gascogne 78
Parc ornithologique Les Oiseaux 25
Parc ornithologique Les Oiseaux du Marais Poitevin 24
Parc Régional des Landes de Gascogne 81
Parken 113
Paulliac 58
Péage (Mautpflicht) 108
Petit Train de la Rhune 105
Phare de Chassiron 33
Phare de Contis 81
Phare de Cordouan 4, 37, 40, 55
Phare de Grave 54
Phare de la Coubre 4
Phare des Baleines 4, 26, 28, 29
Pointe de Grave 54
Pointe de la Coubre 40
Pontex-les-Forges 80
Port-d'Albret 81

**Register**

Port-de-Richard 60
Porte des Campani 29
Porte Toiras 29
Pottok 120
Promenade Fleurie 77
Pyla-sur-Mer 72
Pyrenäen 6, 11, 111

**R**
Radfahren 110
Rafting 110
Ravel, Maurice 120
Reisekrankenversiche-
    rung 108
Reiten 111
Réserve Naturelle de
    l'Étang de Cousseau
    63
Réserve Naturelle
    Pichelèbe 83
Réserve ornithologique
    du Teich 74
Rétaud 38
Rettungsschwimmer 4
Rioux 39
Rochefort 31
Roncesvalles 5
Route des Châteaux 58
Royal, Ségolène 120
Royan 36

**S**
Sabazan 86
Sabres 78
Saintes 38, 40, 111
Saintonge 38
Sare 105, 106
Sauveterre-de-Guyenne
    57
Segeln 111

Sempé 120
Sentiers de Grande
    Randonnée 111
Sicherheit 109
Simenon, Georges 18
Soustons 85
Sport 110
Starck, Philippe 48
St-Brice 57
St-Christoly-Médoc 60
St-Clément-des-Baleines
    26
St-Denis d'Oléron 33
St-Émilion 55
St-Estèphe 60
St-Eutrope 38
St-Jean-de-Luz 7, 101,
    102
St-Jean-Pied-de-Port 5
St-Martin-de-Ré 22,
    23, 28
St-Mont 86, 89
St-Palais-sur-Mer 40
St-Pée-sur-Nivelle 107
St-Pierre d'Oléron 32
St-Trojan-les-Bains 32,
    34
St-Yzans-de-Médoc 60
Sumpf (Marais Poitevin)
    24
Surfen 7, 8, 96, 111

**T**
Table d'hôte 112
Talmont 40
Tanken 113
Taxi 113
Termes-d'Armagnac 86
Thaims 39
Thalassotherapie 111

Topo-Guides 111
Tour des Baleines 26, 28

**U**
Übernachten 111
Umwelt 6
Umweltschutz 113
UNESCO-Weltkulturerbe
    28, 55, 92
Unterkunft 111

**V**
Vauban, Sébastien Le
    Prestre de 23, 29
Véloroutes (Fernradwege)
    110
Verkehrsfunk 113
Verkehrsmittel 112
Verkehrsregeln 113
Viartel, Peter 96
Vier, Jean 102
Vieux-Boucau-les-Bains
    81
Voies Vertes 110
Voie Verte ›Roger Lapé-
    bie‹ 56

**W**
Wandern 111
Wasser 113
Wein 11, 50, 58
Weinprobe 60
Wellness 111
Wiederaufbauarchitektur
    36
Winzer 4, 58, 60

**Z**
Zollbestimmungen 108
Zoo La Palmyre 40

### Das Klima im Blick
Reisen bereichert und verbindet Menschen und Kulturen. Wer reist, erzeugt auch $CO_2$. Der Flugverkehr trägt mit bis zu 10 % zur globalen Erwärmung bei. Wer das Klima schützen will, sollte sich – wenn möglich – für eine schonendere Reiseform entscheiden oder die Projekte von atmosfair unterstützen. Flugpassagiere spenden einen kilometerabhängigen Beitrag für die von ihnen verursachten Emissionen und finanzieren damit Projekte in Entwicklungsländern, die dort den Ausstoß von Klimagasen verringern helfen (www. atmosfair.de). Auch die Mitarbeiter des DuMont Reiseverlags fliegen mit atmosfair!

## Abbildungsnachweis

DuMont Bildarchiv, Ostfildern: S. 24, 64/65, 81 (Gernot Huber)

Getty Images, München: S. 68 (AFP/Jean-Pierre Muller); Titelbild, Faltplan (hemis.fr/Jean-Daniel Sudres)

laif, Köln: S. 60 (Norbert Enker); 18 (Express REA/Jean Paul Guilloteau); 89 (hemis.fr/Emmanuel Berthier); 45 (hemis.fr/Eric Bouloumie); 83 (hemis.fr/Sylvain Cordier); 17 (hemis.fr/John Frumm); 40/41 (hemis.fr/Didier Grimberg); 112 (hemis.fr/Franck Guiziou); 11, Umschlagklappe vorn (hemis.fr/Hervé Hughes); 29 (hemis.fr/Francis Leroy); 62 (hemis.fr/Arnaud Spani); 34 (Kurt Henseler); 120/2 (Leemage/Opale/H. Assouline); 78 (Le Figaro Magazine/Fautre); 7, 72, 74, 110 (Le Figaro Magazine/Mazodier); 8/9, 26, 30, 33 (Le Figaro Magazine/Franck Prignet); 120/4 (M.Y.O.P./Ed Alcock); 57 (REA/Alexandre Gelebart); 109 (TOP/Jean-Daniel Sudres); 120/5, 120/6 (VU/Paolo Verzone)

Manfred Görgens, Wuppertal: S. 4 o., 14/15, 54, 58, 76, 84, 96

Mauritius Images, Mittenwald: S. 38 (age/J. D. Dallet); 120/3 (age/Gerard Lacz); 53 (Alamy/Jerónimo Alba); 120/1 (Alamy/GL Archive); 93 (Alamy/John Kellermann); 36 (Alamy/Art Kowalsky); 120/7 (Alamy/Paul Hem Art); 4 u. (Alamy/Viewpoint); 106 (Alamy/Didier Zylberyng); Umschlagklappe hinten, 42/43, 50 (hemis.fr/Bertrand Gardel); 120/9 (robertharding/David Hughes); 90/91 (Bernd Schunack)

picture-alliance, Frankfurt a. M.: S. 120/8 (Olivier Blanchet)

Zeichnung S. 3: Gerald Konopik, Mammendorf

Zeichnung S. 5: Antonia Selzer, St. Peter

## Kartografie

© DuMont Reiseverlag, Ostfildern

## Umschlagfotos

Titelbild: Surferin in Biarritz

Umschlagklappe hinten: Strandleben

**Hinweis:** Autor und Verlag haben alle Informationen mit größtmöglicher Sorgfalt geprüft. Gleichwohl sind Fehler nicht vollständig auszuschließen. Alle Angaben erfolgen ohne Gewähr. Bitte schreiben Sie uns! Über Ihre Rückmeldung zum Buch und Verbesserungsvorschläge freuen sich Autor und Verlag:
**DuMont Reiseverlag,** Postfach 3151, 73751 Ostfildern,
info@dumontreise.de, www.dumontreise.de

FSC
www.fsc.org
MIX
Papier | Fördert
gute Waldnutzung
FSC® C018236

3., aktualisierte Auflage 2023
© DuMont Reiseverlag, Ostfildern
Alle Rechte vorbehalten
Autor: Klaus Simon
Redaktion/Lektorat: Susanne Völler, Sebastian Schaffmeister
Bildredaktion: Lucia Lehmann, Susanne Völler
Grafisches Konzept: Eggers+Diaper, Potsdam
Printed in Poland

# Kennen Sie die?

### Joseph-Ignace Guillotin

Der Arzt aus Saintes (1738–1814) wollte nur das Beste für zum Tode Verurteilte. Um die Hinrichtung präzise und kurz zu gestalten, erfand er das nach ihm benannte Fallbeil – die Guillotine.

### François Mitterrand

Geboren und begraben in Jarnac, in der tiefsten Charente. Als französischer Präsident zu Lebzeiten verehrt, heute wegen gottgleicher Amtsführung nicht mehr ganz so en vogue. Einerlei, in Soustans erinnert ein Denkmal an ihn.

### Pottok

Das kurzbeinige, stämmige Wildpferdchen des Baskenlands trabt durchs satte Grün der westlichen Pyrenäen. Gilt als langlebig, umgänglich, genügsam, widerstandsfähig, intelligent und charaktervoll. Eben echt baskisch.

### Ségolène Royal

Die ehemalige Lebensgefährtin von Ex-Präsident Francois Hollande, Ex-Präsidentin der Region Poitou-Charentes und Ex-Umweltministerin, genannt Ségo, bastelt derzeit am politischem Comeback.

### Sempé

Zeichnerischer Vater des »kleinen Nick« und gebürtig aus Bordeaux († 2022). Vorname Jean-Jacques. Seine humoristischen Karikaturen treffen die Franzosen ins Herz. Und erreichen unser Herz.

### José Bové

Frankreichs berühmtester Landwirt ist ein Stadtkind und kam 1953 in Bordeaux zur Welt. Später wurde er zum nationalen Anführer aller Antiglobalisierungsgegner, Fast-Food-Ketten-Bekämpfer und Genmais-Warner.

### Maurice Ravel

Der bekannteste baskische Komponist kam 1875 in Ciboure zur Welt. Einer der Hauptvertreter des Impressionismus in der Musik. Sein Boléro klingt uns allen im Ohr.

### Antoine Albeau

Markenzeichen blonde, salzwassernasse Mähne. Der Surferchampion aus La Rochelle hat ein gutes Dutzend Weltmeisterschaften gewonnen.

### Die Girondins

Die Abgeordneten aus Bordeaux galten im Paris der Revolution als Gemäßigte. 1793 verlor einer nach dem anderen den Kopf, was wortwörtlich zu verstehen ist …